Das große bunte
Pferdebuch

Edgar Wüpper

Das große bunte
Pferdebuch

Zeichnungen von Ines Vaders-Joch

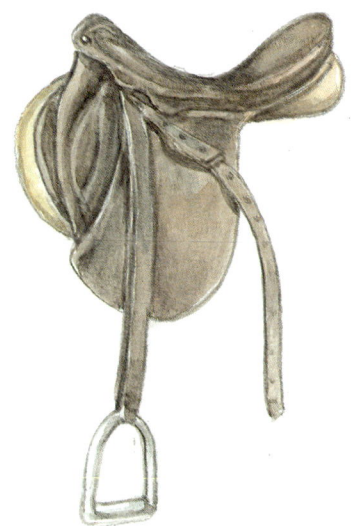

Die Deutsche Bibliothek – CIP-Einheitsaufnahme

Das große bunte Pferdebuch / Edgar Wüpper
Zeichnungen von Ines Vaders-Joch
Bindlach : Loewe, 2001
ISBN 3-7855-4100-7

Der Umwelt zuliebe ist dieses Buch auf chlorfrei gebleichtem Papier gedruckt.

ISBN 3-7855-4100-7 – 1. Auflage 2001
© 1995 Loewe Verlag GmbH, Bindlach
Gekürzte Version der unter dem gleichnamigen Titel
beim Verlag erschienenen Originalausgabe
Umschlagillustration: Ines Vaders-Joch

www.loewe-verlag.de

Für mein Pferd Manou

Inhalt

Kleiner Ritt durch die Pferdegeschichte

Die Pferdegeschichte beginnt vor etwa 60 Millionen Jahren. Damals sah es in Amerika und Europa noch anders aus: Große Landstriche stehen unter Wasser. Der Rest ist fast vollständig von riesigen Urwäldern bewachsen. Der Boden ist sumpfig, und es herrscht ein feuchtheißes Klima.

Ein Tier, nicht größer als ein Schäferhund, mit vier Zehen an den Vorder- und drei Zehen an den Hinterfüßen, streift durch die Wälder und frisst Blätter und Laub. Es wird Eohippus, das „Pferd der Morgenröte", genannt und ist der Urahn unseres heutigen Pferdes.

Im Laufe von Jahrmillionen verändert sich dieses Tier in Amerika weiter. Es wird größer und hochbeiniger. Das Gebiss besitzt kräftigere Mahlzähne, weil die Nahrung jetzt überwiegend aus Gräsern besteht. Das Klima und die Pflanzenwelt wechseln, der Boden wird härter, so passt sich auch die Fußform des Tieres den neuen Bedingungen an – es entwickelt Hufe.

Im Trab geht's weiter durch die Zeitrechnung. Ungefähr vor 10 Millionen Jahren sieht dieses Tier in Amerika unserem Pferd schon sehr ähnlich. Es hat Hufe und wird über einen Meter groß.

Als im Erdzeitalter Quartär die große Eiszeit beginnt, fliehen die Pferde vor der Kälte über die Landbrücke von Amerika nach Asien. Sie verbreiten sich bis nach Europa, während es in Amerika nun keine Pferde mehr gibt.

Eohippus
60–40 Mio. Jh.

Wieder machen wir einen Sprung über viele, viele Jahrtausende. Unsere Vorfahren in der Steinzeit jagen das Pferd. Das Fleisch dient als Nahrung, aus dem Fell wird Kleidung, aus den Knochen Werkzeug angefertigt.

Vermutlich einige tausend Jahre v. Chr. zähmt der Mensch das Pferd. Es wird zum Reiten und als Zugtier benutzt.

Im Jahre 369 v. Chr. schreibt der Grieche Xenophon eine Reitlehre.

Unterdessen sind wir bei unserer Zeitrechnung angelangt. Der römische Kaiser Augustus lässt ein Straßennetz bauen, auf dem ein staatlicher Postdienst mit Pferden und Kutschen pendelt. Die Postreiter führen ein Handpferd mit, welches Gepäck und Briefe trägt. Man nennt es „paraveredus", daraus wird später das Wort „pferferit" und schließlich „Pferd".

Epona ist die keltische Göttin der Pferde. Sie gilt als Schutzgöttin der Stallknechte, Fuhrleute und Eseltreiber.

Der heilige Georg hat nach einer alten Legende die Königstochter durch seinen Sieg über den Drachen befreit. Er ist der Schutzpatron der Reiter.

Das Pferd verändert das Leben der Völker von Grund auf. Es gibt jetzt Reiter und Fußvolk, Eroberer und Besiegte. Mit Pferden kann man weiter und schneller reisen. Und nicht zuletzt hilft das Pferd bei der täglichen Arbeit.

Das Streitross

Allem voran wurden Pferde im Krieg eingesetzt. Sie werden vor einen Streitwagen gespannt und tragen bewaffnete Reiter in den Kampf. Schon 3000 v. Chr. verfügen die Sumerer über die erste berittene Armee. Bald kämpfen alle Völker mit Pfeil, Bogen, Lanze, Speer, Schwert und später mit Gewehren auf dem Rücken der Pferde.

Bis zum 2. Weltkrieg in diesem Jahrhundert müssen Pferde auf die Schlachtfelder ziehen und werden millionenfach getötet.

Das Arbeitspferd

Schon früh erleichtert das Pferd den Bauern die schwere Feldarbeit. Zugpferde werden vor die Dampfspritzen der Feuerwehr gespannt oder ziehen Lastkähne vom Ufer aus stromaufwärts. In den Städten ist das Kutschpferd Taxi oder zieht die Pferdebahn durch die Straßen. Über Land fahren die Postkutschen. Jahrhundertelang ist das Pferd das wichtigste Fortbewegungsmittel für die Menschen.

Am Meer zieht das bretonische Kaltblut die Schleppnetze der Krabbenfischer durchs seichte Wasser, in den Bergwerken von England ziehen Ponys unter Tage die Kohlenwagen. Die Cowboys hüten auf Pferden Rinderherden oder treiben sie über hunderte von Kilometern.

Als Auto und Traktor erfunden werden, ist es mit der Vormachtstellung des Pferdes vorbei. Heute sieht man hin und wieder noch Brauereipferde, die einen Bierwagen ziehen. In Ferienorten gibt es Kutsch-, Planwagen- oder Schlittenfahrten. Und manchmal werden noch Pferde im Wald zum Holzrücken eingesetzt.

Das Freizeitpferd

Im Mittelalter vergnügen sich die Mächtigen bei der Jagd oder auf Turnieren mit Kampfspielen.

Heute nimmt das Freizeitreiten einen immer größeren Raum ein, während der Reitsport in vielen Bereichen sehr umstritten ist, da er oft zu Lasten der Gesundheit der Pferde geht.

Die Pferderassen: vom Shetland-Pony zum Shirehorse

Im Laufe der Jahrhunderte haben die Menschen nach ihren Bedürfnissen und Wünschen Pferde ausgewählt und gezüchtet. Vor dem Wagen oder Pflug brauchte man ruhige, ausdauernde, starke und langlebige Pferde. Das Militär bevorzugte zähe, widerstandsfähige Rassen, und als Rennpferd eignet sich besonders das Englische Vollblut.

Aber auch andere Einflüsse spielen bei der Pferdezucht eine Rolle. In Gebieten mit gutem Boden, wo es viel Futter gibt, sind die großen und schweren Rassen zu Hause. Auf kargem Boden wächst weniger Gras und Getreide. Dort leben die kleineren, genügsamen Pferde.

Die Einteilung der Rassen in Kaltblut und Warmblut hat nichts mit der Temperatur des Blutes, sondern mit dem Temperament der Tiere zu tun. Die schweren Kaltblutpferde sind behäbiger und langsamer als die eleganten Warmblutpferde und die temperamentvollen Vollblüter.

Eine weitere Unterscheidung ergibt sich aus dem so genannten Stockmaß. Das ist die Höhe in Zentimetern vom Boden bis zum Widerrist der Pferdeschulter. Alle Tiere, die unter 1,48 Meter messen, gelten als Ponys. „Kleinpferde" liegen in der Größe nah an dieser Grenze. Alle Tiere, die höher sind, heißen „Großpferde".

Island-Pony

Island

Shetland Jn.

Shetland-Pony

Schottland

Dartmoor-Pony

Highland-Pony

Großbritannien

Welsh-Pony

Connemara-Pony

Irland

Exmoor-Pony

New-Forest-Pony

Atlantik

Das Shetland-Pony

Aus Großbritannien, Irland und Island kommen die bekanntesten Ponyrassen, sie werden dort auch als „Kinderpferde" bezeichnet, denn für Kinder ist es wichtig, dass sie mit dem Pferd zurechtkommen. Das wiederum heißt, dass Kinder ihr Pferd selbst putzen, auftrensen und satteln können. Auch Aufsteigen und die Reithilfen mit den Schenkeln sollten gut klappen.

Das beliebteste „Kinderpferd" ist das Shetland-Pony. Seine Heimat sind die Shetland-Inseln nördlich von Schottland. Dort herrscht ein raues Klima. In seiner Heimat ernährt sich das Shetland-Pony hauptsächlich von Kräutern, Moos, sauren Gräsern oder Seetang.

Die stämmigen Tiere werden kaum größer als einen Meter. Sie dienten früher als Tragtiere beim Torfabbau, als Hütepferde der Schafhirten und als Zugtiere in der Landwirtschaft.

Im 19. Jahrhundert mussten sie in englischen Kohlegruben arbeiten. Wegen ihrer geringen Körpergröße passten sie durch die niedrigen Stollen. Die kleinen, starken Tiere zogen die schweren Kohlenlasten. Ruß und Kohlenstaub setzten sich in die Augen und Lungen. Unzählige Tiere starben.

Um die Jahrhundertwende wurden die Shetland-Ponys als Kutschponys und Kinderreitpferde entdeckt.

Das Shetland-Pony ist zäh und genügsam. Es soll im Offenstall gehalten werden, weil ihm Kälte nicht viel ausmacht. Das Sommerfell ist fein und schimmernd, das Winterfell zottig und dicht. Alle Haarfarben sind vertreten. Das Shetland-Pony ist langlebig. Nicht selten wird es bis zu 40 Jahre alt.

Das Exmoor-Pony

Im Moorgebiet zwischen Devon und Somerset ist die älteste britische Ponyrasse zu Hause. Man erkennt das Exmoor-Pony an seinem mehlfarbenen Maul. Die gleichen hellen Stellen finden sich am Bauch und an den Innenseiten der Schenkel.

Der Körper ist tief und breit gebaut. Obwohl das Exmoor-Pony nur etwa 1,20 Meter groß wird, trägt es mühelos auch Erwachsene.

Im Winter ist das Fell kurz und dick und steht borstig ab. Das Sommerfell hingegen liegt dicht am Körper an und glänzt wie Messing.

Das Dartmoor-Pony

Nicht weit von dem Gebiet, wo das Exmoor-Pony lebt, erstreckt sich in Devonshire ein großes Moorland mit über 300 Meter hohen Felskuppen aus Granit. Dort streifen die Dartmoor-Ponys umher. Wie alle Ponyrassen sind sie sehr widerstandsfähig gegen das raue Klima und mit wenig Futter zufrieden. Das Dartmoor-Pony ist etwa gleich groß wie das Exmoor-Pony und genauso stark und kräftig gebaut.

Das Welsh-Mountain-Pony

Auch das Welsh-Mountain-Pony gilt als eine sehr alte Rasse. Es lebte als Wildpferd in den Bergen von Wales und wurde von den Bauern gezähmt. Als die Römer Britannien eroberten, fanden sie Gefallen an den Pferden. Julius Cäsar gründete ein Gestüt in Merionethshire. In der Folgezeit wurden immer wieder orientalische Pferde und später auch Araber eingekreuzt. So entstand ein Pony, das als schönstes der Berg- und Moorrassen gilt. Aus dem 1,20 Meter großen

Exmoor-Ponys

20

Welsh-Mountain-Pony wurden dann im Laufe der Jahrhunderte drei weitere größere Welsh-Typen gezüchtet.

Da ist zunächst das Welsh-Pony (auch Sektion B genannt). Es ist um 1,35 Meter groß und wird besonders als Reitpony für Kinder genutzt.

Das Welsh-Pony der Sektion C ist gleich groß. Der Körper ist etwas gedrungener. Dieses Pferd eignet sich auch sehr gut als Kutschpferd.

Der vierte Typ ist das Welsh-Pony der Sektion D, auch Welsh-Cob genannt. Es wird bis zu 1,55 Meter groß. Die Zucht ist seit Jahrhunderten berühmt. Der Welsh-Cob gilt als ein sehr vielseitiges Pferd. Er kann hervorragend traben und hat viele Traberzuchten auf der ganzen Welt beeinflusst. Er ist außerdem ein gutes Reitpferd und sehr beliebt als Kutschpferd.

Das Dales-Pony

Das Dales-Pony stammt aus den Tälern Nordenglands. Es ist ebenfalls ein sehr kräftiges Tier, und es wurde deshalb früher als Tragpferd eingesetzt. Es schleppte Blei aus den Minen von Northumberland und Durham bis zur Küste. Dabei waren Lasten von 100 Kilogramm über mehr als 60 Kilometer zu tragen.

Dales-Ponys sind um 1,45 Meter groß und braun, dunkelbraun oder schwarz gefärbt. Sie haben meist üppige, lockige Mähnen und Schweife.

Im letzten Jahrhundert wurde ein berühmter Welsh-Cob-Hengst, der erfolgreich Trabrennen lief, eingekreuzt. Seitdem wird der schnelle Trab weitervererbt. Auch das Englische Vollblut gehört zu den Rassen, die zur Zucht des Dales-Ponys herangezogen wurden.

Das Fell-Pony

Ursprünglich bildeten das Dales- und das Fell-Pony eine Rasse. Den Unterschied in der Bezeichnung bestimmten die Gegenden, in denen sie zu Hause waren. Während das Dales-Pony östlich der Penninkette lebt, bewohnt das Fell-Pony die Westseite und die Berge von Cumbria.

Auch das Fell-Pony wurde für Bleitransporte zu den Hafenstädten eingesetzt.

Später unterscheiden sich die beiden Rassen. Das Dales-Pony vermischte sich durch Einkreuzungen mit fremdem Blut. Im Gegensatz dazu achteten die Züchter des Fell-Ponys darauf, dass keine anderen Rassen herangezogen wurden. So hat sich dieses Pony bis heute kaum verändert. Es ist ein wenig kleiner als das Dales-Pony.

New-Forest-Pony

Der New Forest ist ein Wald-, Heide- und Moorgebiet im südenglischen Hampshire. Dort durchstreifen etwa 3 000 Ponys den 26 000 Hektar großen Naturpark, der jährlich von tausenden von Touristen besucht

wird. Die Ponys gehören den dort ansässigen Bauern und tragen deren Brandzeichen.

Das New-Forest-Pony wurde schon im Jahre 1016 erwähnt und damals noch als Wildpferd bezeichnet. Durch die Einmischung verschiedener fremder Rassen veränderte sich der Typ des New-Forest-Ponys. Deshalb gibt es heute Pferde mit einem Stockmaß von 1,22 bis 1,45 Meter. Die ruhigen und kräftigen Ponys sind beliebte Familienpferde.

Das Highland-Pony

Das schottische Highland mit seinen Hügeln und Bergen gab diesem Pony den Namen. Es gilt als größte und stärkste der britischen Moor- und Bergrassen. Es ist untersetzt und kräftig und diente durch die Jahrhunderte den Bauern als Arbeitstier.

Ende des letzten Jahrhunderts wurde Araberblut eingekreuzt. Die Mehrzahl aller Highland-Ponys sind Falben in unterschiedlichen Schattierungen. Seltener gibt es Schimmel, Braune oder Rappen.

Das Highland-Pony hat ein prächtiges Fell, eine lange Mähne und einen langen Schweif und ein weiches Samtmaul.

Heutzutage sind die Highland-Ponys überall bekannt und werden auch ins Ausland verkauft.

Connemara-Pony

Connemara ist ein bergiges Gebiet mit Mooren an der Westküste Irlands zwischen Galway-Bucht und Atlantik. Dort entwickelte sich das zähe und genügsame Connemara-Pony. Früher stellten Falben die Hauptfarbe, heute herrschen Schimmel vor. Auch bei dieser Rasse wurden im Mittelalter spanische Pferde und später Araber eingekreuzt. Mit seiner Größe von 1,45 Meter gilt das Connemara-Pony als hervorragendes Reitpferd.

Heute wird das Connemara-Pony auch in Gestüten außerhalb Irlands gezüchtet.

Das Island-Pony

Es ist überliefert, dass im Jahre 870 n. Chr. zwei Norweger auf die Insel Island einwanderten und ihre Fjord-Pferde mitbrachten. Andere Ponys stammten von den Schotten und Iren, die mit den Isländern Handel trieben. Aus all diesen Pferden entstand das Island-Pony.

Rund 1 000 Jahre waren diese Pferde das einzige Transportmittel auf der oft unwegsamen Insel.

Im Jahre 930 beschloss das isländische Parlament jedoch ein Einfuhrverbot für Pferde. Das sollte verhindern, dass Pferdekrankheiten eingeschleppt wurden. Dieses Gesetz gilt noch heute. So konnte sich über Jahrhunderte hinweg unverfälscht und unbeeinflusst die Rasse der Island-Ponys erhalten.

Auch die Island-Ponys traf im 19. Jahrhundert das harte Los, als Kohlenpferde in englischen Minen eingesetzt zu werden.

Heute leben rund 50 000 Tiere auf der Insel. Fast fünf Jahre lang leben die Jungpferde wild in der Herde. Erst dann werden Ponys ausgesucht, eingefangen und langsam eingeritten.

Die Island-Ponys sind durchschnittlich etwa 1,30 Meter groß. Sie haben einen großen Kopf, einen kurzen Hals und eine üppige Mähne.

Eine Besonderheit der Island-Ponys ist die Gangart „Tölt". Die Bewegung entwickelt sich aus dem Schritt. Dann werden alle vier Beine kurz nacheinander schnell aufgesetzt. Diese Gangart lässt den Reiter angenehm sitzen, weil sich das Auftreten kaum auf den Pferderücken überträgt.

Frei lebende Island-Ponys tölten hauptsächlich in unwegsamem Gelände. So tasten sie geschickt den Boden ab und können schnell über Steine, Schneeflächen oder glitschigen Untergrund laufen.

Das Island-Pony ist auch bei uns sehr beliebt und wird hier gezüchtet.

Das Sorraia-Pony

Die bisher vorgestellten Ponyrassen stammen alle aus Nordeuropa. Das Sorraia-Pony hingegen ist in Portugal zu Hause. In den Ebenen der Flüsse Sor und Raia, nach denen das Pferd benannt ist, lebt dieses Pony in einem sehr heißen Klima. Es ist ein zähes Tier, das mit wenig Futter auskommt. Seine Größe beträgt etwa 1,30 Meter. In seinem Äußeren erinnert es an Wildpferde. Das Fell ist meist gelbgrau oder weiß. Auf dem Rücken verläuft ein dunkler Streifen – der so genannte Aalstrich. Auffallend sind auch der relativ große Kopf und der dünne Hals.

In Portugal und Westspanien waren die Sorraia-Ponys als Arbeitstiere der Kleinbauern und als Reitpferde sehr geschätzt. Heute gibt es nur noch wenige Exemplare dieser alten Rasse.

Ponys in aller Welt

Kleine Pferde, meist in der Landwirtschaft eingesetzt, gibt es in allen Erdteilen: so in China, Tibet und Indien, die Sumbawa- und Sandelholz-Ponys von Indonesien, das Basuto-Pony aus Südafrika, den Galiceno in Mexiko und den USA. Ebenfalls in Nord-

amerika heimisch sind die Chincoteague- und Assateague-Ponys. Sie stammen von den gleichnamigen Inseln vor der Küste Virginias und Marylands. In Kanada lebt das Sable-Insel-Pony.

Die europäischen Rassen Welsh und Shetland werden auch in Nordamerika gezüchtet.

Das Dülmener „Wildpferd"

Mitten in Deutschland, zwischen dem Ruhrgebiet und der Stadt Münster, liegt das Merfelder Bruch. Es ist ein großes zusammenhängendes Wald-, Moor- und Heidegebiet. Schon um das Jahr 1300 werden dort Wildpferde erwähnt. Seit dieser Zeit sicherte sich der Landesherr von Merfeld die Rechte an den Tieren. Ursprünglich war das Merfelder Bruch über 4000 Hektar groß. Mitte des 19. Jahrhunderts wuchsen die Siedlungen, Land wurde bebaut, und der Lebensraum der Pferde schmolz. Im Jahre 1850 ließ der Herzog von Croy die letzten 20 Tiere in einen Pferch sperren und rettete damit die Dülmener Wildpferde vor dem Aussterben.

Heute gibt es im Merfelder Bruch auf einer Fläche von etwa 30 Hektar eine Herde von ungefähr 250 Pferden. Sie können dort frei und ungestört leben. Nur einmal im Jahr, am letzten Samstag im Mai, wird die gesamte Herde in eine große Koppel getrieben. Die überzähligen Jährlingshengstfohlen werden eingefangen, mit dem Brandzeichen des Herzogs von Croy versehen und dann versteigert. Stuten werden nicht verkauft. Auch einige besonders gute Hengstfohlen bleiben in der Herde.

Den Rest des Jahres sind die Pferde dann wieder sich selbst überlassen. Sie suchen sich ihre Nahrung selbst. Nur wenn im Winter viel Schnee liegt, wird an verschiedenen Stellen Heu zugefüttert. In Wald und Gestrüpp finden die Tiere Unterschlupf und Deckung.

Dort paaren sich auch die Hengste mit den Stuten, die ihre Fohlen ohne menschliche Hilfe zur Welt bringen.

Die Fellfarben sind Grau, Gelbbraun bis Dunkelbraun. Auf dem Rücken verläuft von der Mähne bis zum Schweif ein schwarzer Aalstrich.

Das Dülmener Wildpferd wird in den verschiedensten Bereichen eingesetzt. Es dient als Arbeitstier in Baumschulen und Gärtnereien sowie als Reit-, Kutsch- und Voltigierpferd. Obwohl die Dülmener Ponys Wildpferde sind, merkt man von dieser Wildheit kaum etwas. Sie gelten als sehr friedfertig und gelehrig. Ein Alter von 30 Jahren ist bei diesen Pferden keine Seltenheit.

Das Fjord-Pferd

Das Fjord-Pferd erkennt man auf Anhieb an seinem ockergelben Fell, der schwarzsilbrigen Mähne und dem Aalstrich auf dem Rücken. Meist wird das Haar zu einer „Stehmähne" geschoren.

Das Fjord-Pferd stammt aus dem westlichen Norwegen, Es hat ein Stockmaß von etwa 1,48 Meter und diente ursprünglich als Arbeitstier in den steilen Gebirgsgegenden seiner Heimat. Das Fjord-Pferd ist sehr leichtfuttrig und stark. Es wird heute gern als Freizeitpferd zum Reiten und als Kutschpferd eingesetzt.

Auch in Deutschland gibt es Gestüte, die mit Fjord-Pferden züchten.

Der Haflinger

Auch der Haflinger hat ein unverkennbares Äußeres. Das Fell ist hell- bis dunkelbraun. Am auffälligsten sind jedoch die üppige hellweiße Mähne und der lange, ebenfalls hellweiße Schweif. Die Pferde sind nach dem Tiroler Dörfchen Hafling benannt. In den Bergen verrichtete das Pferd früher harte Arbeit: Als Saumtier trug es schwere Lasten über die Alpenpässe, beförderte Holz aus den Bergwäldern und diente als Fortbewegungsmittel vor Schlitten und Kutschen. Schon im 14. Jahrhundert wird der Haflinger erwähnt. Alpenkaltblüter und Araber-

einkreuzung sollen die Rasse geformt haben.

Haflinger haben ein Stockmaß um 1,40 bis 1,48 Meter. Sie sind sehr energisch und selbstbewusst. Die Vielseitigkeit dieses Pferdes hat dazu geführt, dass es auf der ganzen Welt verbreitet ist.

Auch heute erfüllt der robuste und trittsichere Haflinger die gleichen Aufgaben wie einst: als Tragtier bei der Bundeswehr, beim Holzrücken in unwegsamen Wäldern, als Kutsch- und Reitpferd.

So ist der Haflinger zu einem der beliebtesten Freizeitpferde geworden.

Der Araber

Vor Beginn unserer Zeitrechnung gab es vermutlich keine Pferde in der arabischen Wüste. Die Wüstenbewohner, die Beduinen, bevorzugten das Kamel. Mit diesen Tieren, die vier bis fünf Tage ohne Wasser auskommen, konnten sie durchs Land ziehen und große Strecken zurücklegen, ohne täglich von Wasserstellen abhängig zu sein.

Erste Berichte über arabische Pferde stammen aus den Schriften des Ammianus Marcellinus im 4. Jahrhundert. Er schreibt, dass die Sarazenen – so nannte man damals alle arabischen Völker – auf Kamelen und kleinen Pferden ritten.

Es wird vermutet, dass Ponys aus Nordafrika und Mittelasien die Vorfahren der arabischen Pferde sind. Der Araber ist demnach ursprünglich keine eigene Rasse. Auch in späteren Zeiten können weitere Einkreuzungen anderer Rassen nicht ausgeschlossen werden. Die Beduinen führten nicht Buch über die Zuchttiere. Erstens konnten sie nicht schreiben, und zweitens waren die Herden so klein und überschaubar, dass jeder über die Abstammung der Pferde Bescheid wusste.

Die Beduinen züchteten ihre Pferde nicht nach Schönheitsmerkmalen. Die Tiere mussten dem harten Wüstenleben mit Durst, Hunger, Temperaturschwankungen von 50 Grad zwischen Tag und Nacht und größten körperlichen Anstrengungen gewachsen sein. Nur die zähesten und widerstandsfähigsten Tiere überlebten.

So erhielt man ein einzigartiges Pferd, das fast alle anderen Rassen der Welt beeinflusste. Ob Englischer Vollblüter oder Welsh-Pony, Trakehner oder Kaltblüter wie der Percheron – sie alle haben Araberblut in ihren Adern. Um die Jahrhundertwende wurden arabische Pferde in viele Länder der Welt verkauft und begründeten dort Gestüte, vor allem in Großbritannien, Ungarn, Polen und Deutschland. In seinem Ursprungsland wird der Araber kaum noch gezüchtet.

Die äußeren Merkmale des Arabers sind der Hechtkopf und der gebogene Hals. Der kurze Rücken geht in eine flache Kruppe mit hoch erhobenem Schweif über. Die vorherrschende Farbe ist der Schimmel. Rappen sind selten.

Eine weitere Zuchtrichtung sind die Shagya-Araber. Sie begann 1769 im ungarischen Babolna. Im Jahre 1836 wurde der Hengst Shagya gekauft, der Stammvater und Namensgeber dieser Zucht. Zunächst kreuzte man fremdes Blut zielgerichtet ein, um einen kräftigeren und größeren Araber zu züchten.

Auf Araber-Schauen wird meist auch noch der Anglo-Araber vorgestellt, eine Mischung aus Arabern und Englischem Vollblut.

Der Berber

Libyen, Tunesien, Algerien und Marokko sind die Heimatländer des Berber-Pferdes. Es stammt vermutlich von dem alten numidischen Pferd ab. Äußerlich ähnelt es dem Araber, ist aber etwas größer und hat einen längeren, schwereren Kopf. An den südlichen Ausläufern des Atlasgebirges wurde der Berber „Trinker der Lüfte" genannt.

Als die Nordafrikaner Spanien eroberten, beeinflussten die Berber- und Araberpferde die Zucht der spanischen Rassen. Es entwickelten sich der Andalusier und der portugiesische Lusitano. Aber auch das französische Camargue-Pferd, die Lipizzaner und Kladruber weisen Berberblut auf.

Der berühmteste Berber war jedoch „Godolphin Barb", einer der Hengste, die das Englische Vollblut begründeten.

Der Andalusier

Kaum eine Rasse wurde im Mittelalter so überschwänglich gelobt. Im 16. Jahrhundert nannte der englische Duke of Newcastle Andalusier „die edelsten Pferde der Welt". Und die Franzosen sagten über den Andalusier: „Dieses Pferd ist der Thron der Könige."

Der Andalusier galt als ideales Pferd, das die Schönheit und Schnelligkeit der südlichen Rassen und die Kraft und Ausdauer der europäischen in sich vereinte. Er wurde als Parade- und Schaupferd benutzt. Als besonders eindrucksvoll gilt der „Paso de Andadura", eine Gangart zwischen Schritt und Trab. Berühmt waren im 15. Jahrhundert bereits die Gestüte der Kartäusermönche in Jerez de la Frontera, Sevilla und Cazallo. In der Region Jerez werden bis heute Andalusier gezüchtet.

Als Farben treten Braun, Dunkelbraun und Schwarz auf. Es überwiegen aber Schimmel.

Neben den europäischen Rassen beeinflusste der Andalusier auch die nordamerikanischen Westernpferde wie Quarterhorse und Appaloosa.

Der Lipizzaner

1580 wurde das Gestüt „Lipizza" bei Triest im Karstgebiet des ehemaligen Jugoslawien gegründet. Karst bezeichnet eine durch Abholzen der Wälder zerklüftete, steinige Gegend. Solches Gelände fordert den Pferden Härte und Genügsamkeit ab.

Das Gestüt hatte die Aufgabe, Hengste für die 1572 gegründete Wiener Hofreitschule zu liefern und Postpferde bereitzustellen. Vorbild der Rasse von Lipizza war der Andalusier, der auch an ihrer Entstehung beteiligt war. Die Lipizzaner sind fast ausnahmslos Schimmel und haben ein Stockmaß zwischen 1,50 und 1,58 Meter. Es gibt Gestüte in der ehemaligen Tschechoslowakei, in Rumänien und in Österreich.

Das Camargue-Pferd

Beim Camargue-Pferd handelt es sich vermutlich um eine Mischung aus verschiedenen Rassen wie Berber, Araber und französischen Ponys. Es sind stämmige kleine Pferde von 1,35 bis 1,45 Meter Stockmaß.

Das Camargue-Pferd ist ziemlich unempfindlich gegen Mücken und andere Insekten. Das ist vorteilhaft, da die etwa 3 000 Tiere ganzjährig in den mückenreichen Sümpfen und Niederungen des Rhone-Deltas, der Camargue, leben, einer Landschaft im Süden Frankreichs.

Die Pferde müssen sich selbst ernähren. Die Fohlen werden ungefähr nach einem halben Jahr eingefangen und erhalten ein Brandzeichen. Danach gesellen sie sich wieder zur Herde.

Die Camargue-Pferde sind für die Gardians, die Stierhirten dieser Gegend, unentbehrlich. Die jungen Pferde werden im Alter von drei Jahren leicht angeritten, mit vier Jahren beginnt die Ausbildung mit vier Zügeln. Die Pferde werden auf Schnelligkeit und Wendigkeit trainiert. Nur so können sie die Arbeit mit den schwarzen Stieren bewältigen.

Die Farbe der Camargue-Pferde ist Weiß. Die Rasse hat unterdessen auch viele Liebhaber in Deutschland gefunden, wo sie als Freizeitpferd und zum Wanderreiten verwendet wird.

Achal-Tekkiner

Der Achal-Tekkiner

Der Achal-Tekkiner gilt als eine der ältesten Pferderassen der Welt. Bereits vor 2 500 Jahren war es das Reittier der Turkmenen, die im Süden der heutigen GUS an der Grenze zum Iran lebten.

Die Pferde wurden in der Wüste gezüchtet und waren sehr widerstandsfähig. Berühmt wurde der Ritt von Aschkabad nach Moskau im Jahre 1935. Die Achal-Tekkiner legten diese Strecke von über 4 000 Kilometern in nur 84 Tagen zurück. Die 370 km lange Karakum-Wüste durchquerten sie in drei Tagen, ohne Wasser zu erhalten.

Durchschnittlich wird der Achal-Tekkiner 1,45 bis 1,55 Meter groß. Er hat eine sehr elegante Statur, Mähne und Schweif sind eher spärlich mit seidigen Haaren bedeckt. Das Fell ist glänzend und hat meist einen Gold-metallic-Schimmer.

Das Don-Pferd

Dieses Pferd stammt aus der Steppe zwischen dem russischen Fluss Don und dem Kaukasus-Gebirge. Das raue Klima und der äußerst spärliche Pflanzenwuchs sorgten für Zähigkeit und Ausdauer der Tiere. Im 18. Jahrhundert war es das Reittier der Kosaken.

Im 19. Jahrhundert wurden englische Vollbluthengste eingekreuzt, um noch schnellere Pferde zu erhalten.

Das Don-Pferd wird etwa 1,60 Meter groß und ist meist fuchsfarben.

Der Nonius

Stammvater dieser Rasse ist der 1810 in Frankreich geborene Hengst „Nonius Senior". Er wurde von österreichischen Soldaten erbeutet und in das ungarische Gestüt Mezöhegyes gebracht.

Später wurden auch Araber und Englisches Vollblut eingekreuzt. Man unterscheidet den „Kleinen Nonius" mit einem Stockmaß unter 1,58 Meter und den „Großen Nonius", der etwa 1,65 Meter groß wird.

Der Nonius wird als Reit- und Wagenpferd eingesetzt.

Das Englische Vollblut

Das Englische Vollblut ist das schnellste Pferd der Welt. Schon immer hatte der Mensch Spaß an Pferderennen. Zunächst fanden die Rennen im Rahmen von Reiterspielen oder traditionellen Wettbewerben statt, später kamen spezielle Rennbahnen hinzu.

1605 fand das erste große Rennen im englischen Newmarket statt, und seit 1709 wurden Listen geführt, in denen man Siege und Leistungen der Pferde notierte. Ab 1791 waren keine Neueintragungen von Pferden

mehr gestattet. Damit durften nur noch die bis dahin erwähnten Tiere miteinander gepaart werden. Das war der Beginn des Englischen Vollbluts als eigene Rasse.

Im Jahre 1793 erschien das erste Stutbuch, in dem etwa 5 500 Pferde verzeichnet sind. Unter den Hengsten waren 80 Araber, 41 Berber, 28 Türken- und vier Perserpferde. Als Englisches Vollblut werden heute nur diejenigen Pferde anerkannt, die sich lückenlos in ihrer Ahnentafel auf den ersten Band dieses Stutbuches zurückführen lassen.

Die berühmten Stammväter des Englischen Vollbluts sind „Byerley Turk", „Darley Arabian" und „Godolphin Barb".

„Byerley Turk" war ein hellbrauner Turkmene. Er wurde im Kampf mit den Türken bei Wien erbeutet und nach England gebracht. Ab 1690 lebte er als Deckhengst auf einem Gestüt.

Englisches Vollblut

35

Der britische Konsul im syrischen Aleppo kaufte von einem Beduinenscheich den Vollblutaraber, der unter dem Namen „Darley Arabian" 1704 nach England kam. Der Hengst starb mit 30 Jahren und ist Ururgroßvater des berühmten Rennpferdes „Eclipse", das von 19 Rennen kein einziges verlor. 85 Prozent der Siegerpferde von großen Rennen gehen in männlicher Linie auf „Eclipse" zurück.

Der Dritte im Bunde war ein Berberhengst und hieß „Sham". Als Geschenk aus Nordafrika kam er an den Hof des französischen Königs Ludwig XV. Der wollte das seiner Meinung nach hässliche Tier nicht und verkaufte oder verschenkte es an einen Händler. Der spannte das Pferd vor seinen Karren und fuhr damit durch Paris. Dort entdeckte es der Engländer Edward Coke. Er kaufte es. Um das Jahr 1729 kam Sham nach England auf das Gestüt des Earl of Godolphin. Mehr durch Zufall deckte der Hengst die Stute Roxana. Das Hengstfohlen „Lath" wurde das berühmteste Rennpferd jener Zeit.

Der Name „Englisches Vollblut" ergab sich, weil diese Pferde in England gezüchtet wurden. Doch die Übersetzung „Vollblut" ist nicht besonders treffend. In der englischen Sprache heißt es „thoroughbred" – durch und durch gezüchtet. Das bedeutet eine Auslese nur auf Rennleistung.

Die Vollblutpferde besitzen bei 600 Kilogramm Gewicht ungefähr 60 Liter Blut. Daher haben sie ein größeres Herz als andere Pferde und sind diesen in der Leistung überlegen.

Die klassische Rennstrecke führt über 2 400 Meter für Dreijährige. Die besten Pferde laufen 1 000 Meter in einer Zeit unter einer Minute. Das Rennpferd kommt am schnellsten vorwärts, wenn es zuerst mit der Hinterhand aufsetzt. Dabei wird das Gewicht von Pferd und Reiter von jeweils einem Fuß aufgefangen.

Die Stuten haben durchschnittlich ein Stockmaß von 1,62 Meter, die Hengste von 1,67 Meter.

Heute gibt es große Gestüte für die Vollblutzucht auch in Frankreich und vor allem in den USA.

Der Rennsport ist ein großes Geschäft, weil die Siegerpferde hohe Gewinnsummen erlaufen.

Der Trakehner

Die Elchschaufel ist das berühmte Brandzeichen der Trakehner. Der Trakehner stammt aus Ostpreußen, das früher der pferdereichste Landesteil Deutschlands war. 1732 wurde das Gestüt Trakehnen gegründet. Die gleichnamige Rasse entstand aus Englischem Vollblut, einheimischen Landpferden und orientalischer Einzucht.

Das kräftige und schnelle Pferd konnte in der Landwirtschaft ebenso wie in der Armee eingesetzt werden.

Heute sind unter den erfolgreichen Turnierpferden viele Trakehner zu finden. Am bekanntesten ist wohl die Stute Halla, die zusammen mit Hans Günter Winkler Olympiasiegerin wurde.

Die deutschen Warmblüter

Neben dem Trakehner gibt es noch weitere deutsche Warmblutrassen.

Der *Hannoveraner* zählt zu den bekanntesten. Georg II., König von England und Hannover, gründete 1735 das Landgestüt Celle in Niedersachsen. Zunächst wurden Pferde gezüchtet, die sowohl die Arbeit in der Landwirtschaft verrichten konnten als auch Reit- und Wagenpferde waren. Die Grundlage dafür bildeten alte schwere Rassen und Englische Vollblüter.

Nach dem 2. Weltkrieg wurden vermehrt Trakehner und Englisches Vollblut eingekreuzt. Daraus entwickelte sich ein Dressur- und Springpferd für den Leistungssport.

Trakehner

Der *Hesse* stammt aus dem gleichnamigen Bundesland. Das Landesgestüt befindet sich in Dillenburg. Schon im 16. Jahrhundert waren die Dillenburger Pferde, die unter anderem mit Andalusiern vermischt wurden, als ausgezeichnete Reit- und Kutschpferde bekannt. Heute haben Hannoveraner großen Einfluss auf die Zucht. Der Hesse wird hauptsächlich im Freizeit- und Turniersport eingesetzt.

Der *Oldenburger* ist das schwerste der deutschen Warmblutpferde. Ursprünglich für die Arbeit in der Landwirtschaft und als Kutschpferd eingesetzt, ist auch diese Rasse immer mehr zum Reitpferd gezüchtet worden.

Es gibt vor allem Rappen, Dunkelbraune, Füchse und Schimmel. Mit einem Stockmaß über 1,70 Meter ist der Oldenburger auch eines der größten deutschen Warmblutpferde.

Der Friese

Auf der ganzen Welt leben etwa 4 000 Friesenpferde, davon 400 in Deutschland. Das Hauptzuchtgebiet liegt in den Niederlanden, in der Provinz Friesland.

Im Mittelalter wurden Andalusier mit den ursprünglichen Friesenpferden gekreuzt. Es entwickelte sich ein kräftiges, schnelles Pferd mit einer ausgeprägten Fähigkeit zum Renntrab. Man nannte es „Harttraber", und es war bei volkstümlichen Trabrennen in Holland meist Sieger. Der Friese beeinflusste später andere Traber wie den Orlow-Traber in Russland und den amerikanischen Traber.

In der Folgezeit erlebte der Friese eine wechselvolle Geschichte. Mehrmals stand die Rasse kurz vor dem Aussterben. Heute sind die imposanten Tiere als Freizeit- und Kutschpferde wieder sehr beliebt. Sie sind ausnahmslos schwarz gefärbt und haben lange, lockige Mähnen und Fesselhaare. Ihr Stockmaß beträgt 1,60 Meter.

Den Hannoveraner gibt es in allen Farben; das Stockmaß liegt zwischen 1,60 und 1,75 Meter.

Der *Holsteiner* ist zwischen Hamburg und Itzehoe im nördlichsten Bundesland Deutschlands zu Hause. Große Weideflächen schaffen gute Bedingungen für die Aufzucht der Pferde. Die ursprüngliche Rasse wurde zunächst durch spanisches und orientalisches Blut verändert. Später wurden Kutschpferde aus England und Englisches Vollblut eingekreuzt.

Es entwickelte sich ein schweres, kräftiges Wagen- und Reitpferd, das bald auch international bekannt und beliebt wurde. Seit 1800 werden Gestütsbücher geführt, in denen alle Hengste und Stuten verzeichnet sind.

Holsteiner haben ein Stockmaß um 1,70 Meter und werden heute erfolgreich als Springpferde eingesetzt. Sie sind meist von brauner Farbe.

Das Morgan-Horse

In Amerika waren Pferde lange ausgestorben. Erst die Spanier brachten wieder Pferde auf den Kontinent, als sie ihn „entdeckten" und eroberten. Später kamen die Engländer nach Amerika. Sie brachten ihre Vollblüter mit, und so entwickelten sich in Amerika verschiedene Rassen.

Dazu gehört das Morgan-Horse. Sein Name geht auf einen kleinen braunen Hengst zurück, der 1789 geboren wurde. Er gelangte in die Hände des Lehrers Justin Morgan und zeigte schnell seine Qualitäten. Der Hengst diente als Zugtier und gewann auf der Rennbahn. Die Leute waren beeindruckt und brachten ihre Stuten zum Decken.

Das Erstaunliche dabei war, dass alle Fohlen wie ein Ebenbild des Vaters aussahen. So entstand eine völlig neue Rasse, und der Hengst wurde überall bekannt als das „Pferd von Justin Morgan", wovon man später den Namen „Morgan-Horse" ableitete.

Auch heute ist das Morgan-Horse als vielseitiges Arbeits- und Freizeitpferd beliebt. Es ist braun bis dunkelbraun gefärbt, und seine Größe beträgt 1,60 Meter.

Der Appaloosa

Der Appaloosa wurde ursprünglich von den Nez-Percé-Indianern gezüchtet. Sie lebten bis 1877 im Nordwesten der USA am Palouse-River. Die Pferde nannte man nach dem Herkunftsgebiet „A Palouse Horse", und daraus wurde Appaloosa.

Die Besonderheit dieses Pferdes liegt in seiner Fellzeichnung. Dabei werden sechs Grundmuster unterschieden: schwarze Flecken auf weißem Grund (Leopard-Bunt), helle Flecken auf dunklem Grund (Schneeflocken-Bunt), Flecken auf Kruppe und Lenden (Decken-Bunt), weiße Färbung von Kruppe und Lenden bei dunklem Fell (Marmor-Bunt). Die weiteren Muster sind Schabrack-Bunt und Schabrack-Schneeflocken-Bunt. Die Haut um Augen und Nüstern ist meist rosa und grau gesprenkelt. Selbst die Hufe sind oft gestreift.

Nicht alle Appaloosas werden mit ihrer auffälligen Farbe geboren. Ein Drittel der Fohlen kommt einfarbig zur Welt und entwickelt erst später die typische Zeichnung.

Die Appaloosas haben ein Stockmaß von ungefähr 1,55 Meter und gelten als ausdauernde, schnelle und wendige Westernpferde.

Quarterhorse

Palomino

Pinto

Morgan-Horse

Das Quarterhorse

Die Hauptstraßen der Städte im Westen Amerikas waren meist genau eine Viertelmeile – a quarter mile – lang. Es waren gleichzeitig Rennbahnen, wo zum Freizeitvergnügen sonntags Pferde um die Wette liefen. Daher hat das Quarterhorse seinen Namen. Es ist der „Sprinter" unter den Rennpferden und über eine kurze Distanz kaum zu schlagen. Dabei ist es ein sehr ruhiges und ausgeglichenes Pferd, sodass man es auch für die Arbeit mit Rindern eingesetzt hat.

Das Quarterhorse ist die zahlenmäßig größte Pferderasse der Welt. Es gibt fast drei Millionen Tiere in 62 Ländern.

Das Saddlehorse

Die Plantagenbesitzer in Kentucky brauchten schnelle und ausdauernde Pferde, mit denen sie bequem ihre riesigen Felder kontrollieren konnten. So entwickelte sich das Saddlehorse.

Es beherrscht außer Schritt, Trab und Galopp noch zwei weitere Gangarten – den „slow-gait", einen langsamen Tölt, und den schnellen „Rack"-Tölt.

Alle Pferde dieser Rasse gehen auf den 1839 geborenen Vollbluthengst „Denmark" zurück. Das Saddlehorse ist meist um 1,60 Meter groß und wirkt leicht und elegant.

Das Tennessee-Walking-Horse

Dieses Pferd wurde aus dem gleichen Grund gezüchtet wie das Saddlehorse. So beherrscht auch das Tennessee-Walking-Horse eine besondere Gangart, nämlich den „running walk". Das ist ein langer, schneller und geschmeidiger Schritt im Vierertakt, der für den Reiter sehr angenehm ist. Viele sind der Ansicht, dass diese Rasse das bequemste Reitpferd der Welt darstellt.

Das Tennessee-Walking-Horse ähnelt im Stockmaß dem Saddlehorse.

Pinto, Paint und Palomino

Das Wort „pinto" stammt aus dem Spanischen und heißt „bemalt". So ist Pinto die Bezeichnung für Pferde, deren Fell größere Farbflecken aufweist. Bei uns werden diese Pferde „Schecken" genannt.

Stark verbreitet sind die Schecken bei den Shetland- und Island-Ponys. In Deutschland gibt es ein Schecken-Pony östlich von Schwerin, den Lewitzer Schecken.

Die Pintos sind streng genommen keine Rasse, sondern eine Farbzucht. Dabei gibt es zwei Grundmuster: den Tobiano und den Overo.

Beim Tobiano besteht das Fell aus weißer Grundfarbe mit farbigen Flecken und weißen Beinen. Der Overo hingegen besitzt eine dunkle Grundfarbe, und das Weiß bildet ein Muster.

Paint-Horses sind gescheckte Quarterhorses.

Auch der Palomino ist eine Farbzüchtung, die besonders in den USA sehr beliebt ist. Die Farbe des Fells soll „einer frisch geprägten Goldmünze" ähneln, und Mähne und Schweif müssen weiß sein.

Die spanische Königin Isabella, die Ende des 15. Jahrhunderts regierte, liebte diese Pferde mit dem goldschimmernden Fell; daher wird die Färbung auch „isabell" genannt.

Der Criollo

Der Criollo war das Pferd der argentinischen Rinderhirten, der Gauchos. 1535 brachten die Spanier andalusische Hengste und Stuten ins Land. Aus der Kreuzung der beiden Rassen entwickelte sich ein starkes und zähes Gebrauchspferd. „Kreolen" nannte man die Nachkommen der europäischen Einwanderer in Südamerika, und so erhielt das Pferd den Namen „caballo criollo".

Es ist um 1,45 Meter groß und mit seinem etwas klobigen Kopf nicht unbedingt eine

Schönheit. Aber für die Gauchos zählten andere Fähigkeiten: Ausdauer, Robustheit und Genügsamkeit, Verlässlichkeit und Gutmütigkeit. All diese Eigenschaften vereinigt der Criollo in sich.

Er wird auch in anderen südamerikanischen Ländern, zum Beispiel in Peru, Brasilien und Chile, gezüchtet. Sein Fell weist alle möglichen Farbvariationen auf, von Mausgrau bis Rotgescheckt.

Mangalarga Marchadores

Dieses Pferd stammt aus Brasilien, ist um 1,50 Meter groß und beherrscht außer den üblichen drei Gangarten noch den Marcha Batida und den Picada. Dieser „Marsch" ähnelt dem Tölt der Island-Ponys.

Auch der Mangalarga geht auf alte portugiesische und spanische Rassen zurück. Dieses Pferd eignet sich sehr gut für Distanzritte.

Die Pasos

Der Paso Fino, das peruanische sowie das kolumbianische Paso-Pferd sind ebenfalls berühmt für ihren Töltgang. Sie eigneten sich gut für die weiten Ritte über die Ebenen, aber auch, um Bergpässe oder schwierige Strecken im Gebirge zu überwinden. Sie haben meist ein Stockmaß von 1,50 Meter und weisen oft braune Farben auf.

Als Arbeitspferde in unwegsamem Gelände, in Gebirgen oder Mooren kamen nur bewegliche, zähe Ponys in Frage.

In den fruchtbaren Ebenen hingegen züchtete man große, schwere Tiere für die Arbeit mit dem Pflug oder um schwere Lasten zu transportieren.

Diese mächtigen Kraftprotze werden wegen ihres gelassenen, ruhigen Temperaments „Kaltblüter" genannt.

Bis zum 2. Weltkrieg waren sie von allen Rassen am häufigsten vertreten. Autos und Traktoren machten sie dann aber überflüssig. Heute gibt es in Frankreich, England und den deutschsprachigen Ländern kleinere Bestände. Nur in den östlichen Ländern sind Kaltblüter noch in großer Zahl im Einsatz.

Der Percheron

Der Percheron ist einer der „Schwerathleten" unter den Pferden. Er stammt aus Frankreich, einem Land, in dem Landwirtschaft von jeher eine große Rolle spielte. Er ist nach der Grafschaft „Perche" südwestlich von Paris benannt.

Die Abstammung der Percherons ist nicht lückenlos belegt. Im Jahre 732 n. Chr. fielen orientalische Sarazenen in Frankreich ein. Bei Tours und Poitiers wurden sie vom Heer Karl Martells besiegt. Die dabei erbeuteten Berber- und Araberhengste sollen mit den schweren Stuten dieser Gegend gekreuzt worden sein. Vermutlich war das der Ursprung der Percheron-Zucht.

Die Percherons waren aus dem Alltagsleben nicht mehr wegzudenken. In der Landwirtschaft zogen sie zu dritt oder viert hintereinander in der so genannten „Tandemanspannung" den Pflug. Man sah sie in den Städten vor dem Omnibus oder der Straßenbahn. Sie zogen Speditionswagen und Milch- und Gemüsekarren. Heute erfüllen die Percherons die üblichen Aufgaben der Kaltblüter. Sie ziehen Planwagen oder Kutschen und werden im Wald zum Holzrücken eingesetzt.

Die Percherons werden durchschnittlich zwischen 1,60 bis 1,75 Meter groß und wiegen etwa 950 Kilogramm. Schimmel und Apfelschimmel sind stark vertreten, seltener Rappen.

44

Der Boulonnais

Zahlenmäßig sind die Boulonnais eine der kleinsten der acht Kaltblutrassen, die in Frankreich gezüchtet werden. Sie gelten aber als sehr schöne Tiere, was sicher auf den hohen Anteil arabischen und spanischen Blutes zurückzuführen ist.

Auch gibt das Zuchtgebiet, die Boulogne, den Pferden ihren Namen. Die Boulogne erstreckt sich im Nordwesten Frankreichs von der Kanalküste bis zur belgischen Grenze. Sie besitzt ein günstiges Klima mit ausreichend Futter.

Es gibt zwei Typen des Boulonnais. Der leichtere ist heute relativ selten, gehörte aber früher zum Stadtbild von Paris. Die Pferde transportierten den täglichen Fischfang in zweirädrigen Karren mit Eisbrocken gekühlt von den Häfen der Kanalküste in die Hauptstadt Paris. Darum wurden sie von den Einwohnern „Fischweiber" genannt. Der leichtere Typ hatte ein Stockmaß von knapp 1,60 Meter und ein Gewicht von etwa 550 Kilogramm. Der größere Boulonnais hat eine Widerristhöhe von ungefähr 1,70 Meter und wiegt um die 800 Kilogramm.

Am häufigsten vertreten sind Schimmel. Die Fohlen werden fuchsfarben geboren und bilden innerhalb von drei bis fünf Jahren ein weißes Fell aus.

Der Boulonnais hat auch Einfluss auf andere Kaltblutrassen genommen. So wurde in Schleswig-Holstein der französische Hengst „Faust Boulonnais" bei der Zucht von Schleswigern eingesetzt.

Der Comtois

Den Comtois erkennt man an der Fuchsfarbe, dem hellen Schweif und der hellen Mähne. Mit einem Gewicht zwischen 600 und 800 Kilogramm gehört er zu den leichteren Kaltblütern. Das Stockmaß beträgt knapp 1,60 Meter.

Auch er ist wie alle anderen Kaltblüter in Frankreich nach der Landschaft, in der die Rasse entstand, benannt. Hierbei handelt es sich um die Grafschaft Burgund, die „Franche Comté".

Boulonnais

Schleswiger

In Frankreich gehört der Comtois zu den beliebtesten Kalblütern. Er ist sehr leichtfuttrig und benötigt bei schwerer Arbeit nur sechs bis acht Kilogramm Kraftfutter täglich. Ansonsten lebt er gut von Gras und Heu. Die Widerstandsfähigkeit und Robustheit ist auch darauf zurückzuführen, dass junge Pferde und Fohlen die erste Zeit ihres Lebens meist auf Almen in über 1000 Metern Höhe verbringen. Dort wächst besonders nährstoffreiches Futter mit vielen Vitaminen und Mineralien.

Vom Körperbau her wirkt der Comtois mit seiner breiten Brust und den kurzen Beinen sehr stämmig und muskulös.

Auch im Ausland wird diese Rasse immer beliebter.

Der Schleswiger

Auch in Deutschland werden heute noch einige Kaltblutrassen gezüchtet. Während das Rheinisch-Deutsche Kaltblut kaum noch eine Rolle spielt, ist es um den Schleswiger besser bestellt. Seine Vorfahren gehen auf Dänen und das englische Suffolk Punch zurück. Später wurden auch der französische Boulonnais, Hannoveraner und Holsteiner eingekreuzt. Für ihn typisch sind die Fuchsfarbe, die weiße Mähne und der ebenfalls weiße Schweif.

Der Noriker

Der Name leitet sich von der einstigen römischen Provinz Noricum ab, einem Gebiet, das dem heutigen Österreich südlich der Donau, der Steiermark und Kärntens entspricht.

Der Noriker ist ein echtes Gebirgspferd. Zur Zucht dienten Holsteiner, Oldenburger, französische, englische, ungarische und arabische Pferde.

Es gibt einfarbige und getigerte Noriker. Besonders beliebt sind die Tigerschecken. Das Stockmaß des Norikers beträgt etwa 1,65 Meter.

In Deutschland werden die norischen Typen unter dem Namen Süddeutsches Kaltblut zusammengefasst.

Das Shire-Pferd

In Großbritannien gibt es drei bekannte Kaltblutrassen. Da ist zunächst das *Suffolk Punch*. Erstmals wird es 1586 in dem Buch „Britannia" erwähnt, davor war es als die „alte Rasse" bekannt. „Punch" wird das Pferd wegen seines untersetzten, kräftigen Körperbaus genannt. Es ist eines der ältesten Kutschpferde.

Der *Chlydesdale* wurde ursprünglich im Tal des Clyde in der schottischen Grafschaft Lanark gezüchtet. Er hat ein Stockmaß von etwa 1,70 Meter und weist alle Farben auf.

Nur Füchse sind seltener. Er hat viele Abzeichen am Kopf, den Beinen und manchmal auch am Rumpf. Auch der Clydesdale ist ein ausgezeichnetes Zugpferd.

Schließlich gibt es noch das *Shire-Pferd*. Es gilt als größtes Pferd der Welt mit seinem Stockmaß von teils über 1,80 Meter.

Die Engländer nennen die Shire-Pferde auch „gentle giants", sanfte Riesen. Einmal im Jahr findet eine große Shirehorse-Schau in Peterborough statt, wo auch Wettkämpfe im Gespannfahren die Zuschauer begeistern.

Shire-Pferd

Ein Pferd für Marina

Es ist Sonntagnachmittag. Das Auto fährt auf den Hof von Familie Jansen und bremst.

„Ich laufe schnell zur Weide", ruft Marina, nimmt ihre Tüte mit Brot und springt aus dem Wagen.

„Jaja, mach nur", lacht Tante Lisa. Sie steigt aus dem Auto und geht zum Wohnhaus.

Marina saust durch den Stall. Als sie zur hinteren Scheunentür hinausrennt, stößt sie beinahe mit Herrn Jansen zusammen.

„Tag", keucht sie völlig außer Atem. „Ich hab trockenes Brot mitgebracht. Darf ich?" Sie zeigt ihm die Tüte.

Herr Jansen nickt. Und Max und Lara, die nicht weit vom Zaun entfernt stehen, spitzen beim Rascheln der Papiertüte schon die Ohren. Schnell traben sie heran. Max schnaubt leise durch die Nüstern. Beide Pferde recken den Kopf vor. Marina hält jedem auf der flachen Hand eine Scheibe Brot hin.

„Langsam", ermahnt Marina sie, weil Max Laras Stück wegschnappen will. „Ihr bekommt beide gleich viel."

Herr Jansen muss lachen. „Max ist ein Vielfraß", sagt er.

„Jetzt ist Schluss." Marina dreht die Tüte um. „Seht ihr, da ist nichts mehr drin."

Die beiden Pferde warten noch einen Moment, dann merken sie, dass es nichts mehr gibt. Sie drehen sich um und gehen langsam weg. Max wackelt plötzlich mit den Beinen, geht in die Knie und legt sich auf die Erde. Dann wälzt er sich hin und her, streckt die Beine hoch in die Luft und reibt mit dem Kopf übers Gras. Dabei grunzt und stöhnt er laut.

„Hat er was?", fragt Marina ängstlich.

Herr Jansen muss wieder lachen. „Ganz im Gegenteil. Das ist ein Zeichen, dass er sich sauwohl fühlt."

In dem Moment stemmt sich Max auf die Vorderbeine und springt auf. Er schüttelt sich, dass eine dichte Staubwolke durch die Luft wirbelt. Dann stürmt er los und schlägt wild mit den Hinterbeinen aus.

„Siehst du?", meint Herr Jansen. „Komm, lass uns ins Haus gehen. Meine Frau wartet bestimmt schon mit dem Kaffee."

Dann sitzen sie in der Wohnstube und essen frischen Erdbeer-kuchen. Frau Jansen erzählt, wie schwierig es heutzutage ist, als Bauer genug Geld zu verdienen.

„Seit fünf Jahren haben wir umgestellt auf biologische Land-wirtschaft", sagt sie. Marina guckt fragend. Frau Jansen erklärt: „Wir spritzen kein Gift mehr auf die Felder und düngen nur noch mit Mist aus den Ställen."

Herr Jansen nickt zustimmend. „Leider haben die meisten Leute noch nicht begriffen, dass unsere Nahrungsmittel viel gesünder sind und außerdem die Umwelt geschont wird. Na ja…" Er trinkt seinen Kaffee aus und wendet sich an Tante Lisa: „Ich schlage vor, wir gehen kurz in mein Büro nebenan und besprechen noch einmal die Einzelheiten fürs Unterstellen."

Er steht auf. „Ich habe schon einen Vertrag vorbereitet. Dann hat alles seine Richtigkeit."

Frau Jansen geht zum Wohnzimmerschrank und holt ein Buch heraus. „Das ist ein Bildband über alle Pferderassen", sagt sie zu Marina. „Da können wir in der Zwischenzeit ein bisschen drin herumblättern." Sie legt das Buch auf den Tisch und rückt ihren Stuhl neben Marina. Gemeinsam sehen sie sich die Bilder an. „Hier, das wäre doch was für dich." Frau Jansen zeigt auf ein Island-Pony. „Das sind bildhübsche Tiere. Und du kannst auch später noch darauf reiten, wenn du größer bist."

Marina hat aber ein Foto von Haflingern entdeckt. Sie strahlt: „Das sind meine Lieblingspferde."

Frau Jansen lächelt: „Unseren Max mag ich auch sehr gern. Obwohl er manchmal ganz schön eigensinnig sein kann."

In dem Moment kommen Herr Jansen und Tante Lisa wieder zur Tür herein. Als sie am Tisch sitzen, fragt Herr Jansen: „Haben Sie sich nun schon überlegt, was für ein Pferd in Frage kommt?"

„Na ja", meint Tante Lisa, „darüber wollten wir eigentlich noch mit Ihnen reden."

Marina sagt: „Ich hätte am liebsten einen Haflinger."

„So einen wie Max?", grinst Herr Jansen.

„Vielleicht ein ganz kleines bisschen dünner." Marina muss lachen.

„Gar keine schlechte Idee", murmelt Herr Jansen. „Am besten einen sechs, sieben Jahre alten Wallach. Wie gut kannst du reiten?"

„Ich hab Reitstunden in der Halle gehabt und war in den Sommerferien schon zweimal auf einem Ponyhof", sagt Marina eifrig.

„Na ja, richtig im Gelände reiten ist schon was anderes. Aber das kriegen wir schon hin, was, Gaby?" Er zwinkert seiner Frau zu. Nach einer kleinen Pause fragt er Tante Lisa: „Haben Sie denn schon ein Pferd in Aussicht?"

Sie schüttelt den Kopf: „Wir wollten erst mal die Sache mit der Unterkunft klären."

Herr Jansen nickt. „Sicher. Aber ich kenne da einige Leute, die Haflinger züchten und hin und wieder einen verkaufen. Da könnte ich mal anrufen."

„Oh ja", ruft Marina begeistert. „Am besten gleich!"

„Aber, Marina", sagt Tante Lisa vorwurfsvoll.

„Ach was", lacht Herr Jansen. „Sie hat ja Recht. Warum eigentlich nicht: Ich geh schnell mal telefonieren." Schon ist er im Flur verschwunden. Tante Lisa ist etwas verlegen.

„Wir machen Ihnen so viele Umstände. Das ist mir gar nicht recht", sagt sie zu Frau Jansen.

„Da kennen Sie aber meinen Mann schlecht", meint Frau Jansen. „Der ist jetzt so richtig in seinem Element. Nehmen Sie ruhig seine Hilfe an, von Pferden versteht er was."

Herr Jansen steckt den Kopf zur Tür herein und ruft: „Können Sie nächsten Mittwoch?"

Tante Lisa überlegt kurz. „Ja, am Nachmittag."

Nach ein paar Minuten ist Herr Jansen wieder zurück. „Also", erklärt er, „einen habe ich erreicht. Er hat einen Wallach, den er vielleicht verkauft. Der andere Züchter war nicht zu Hause. Aber da fahren wir sowieso vorbei, das liegt auf dem Weg."

„Es ist sehr nett, dass Sie das alles für uns tun", bedankt sich Tante Lisa. „Ich würde am Mittwoch gern noch jemanden mitnehmen. Er ist Tierarzt und ein alter Freund von mir."

„Sehr gut", freut sich Herr Jansen und klopft Marina auf die Schulter. „Dann wollen wir mal sehen, ob wir nicht einen tollen Haflinger für dich finden."

Marina strahlt übers ganze Gesicht. Tante Lisa steht auf. „Wir müssen jetzt nach Hause."

Als alle draußen auf dem Hof sind, sagen Herr und Frau Jansen: „Tschüss bis Mittwoch."

„Tschüss bis Mittwoch", antworten Marina und Tante Lisa.

Dann ist es Mittwoch.

Alle haben sich in Tante Lisas Auto gezwängt. Sie sitzt am Steuer und neben ihr Dr. Hellmig, der Tierarzt. Auf der Rückbank sitzen Marina und Herr Jansen. Nur seine Frau hatte keine Zeit und ist zu Hause geblieben.

„Zuerst geradeaus über die Bundesstraße nach Hohenstein", gibt Herr Jansen die Richtung an.

Und schon sind sie unterwegs. Nach einer halben Stunde haben sie Hohenstein durchquert.

„Im nächsten Ort wohnt der Züchter, den ich am Telefon nicht erreicht habe." Herr Jansen dirigiert Tante Lisa noch um ein paar Ecken, dann ruft er: „Halt! Hier ist es. Ich schau mal rein, ob wer zu Hause ist."

Es dauert eine Weile, dann hören sie Stimmen. Herr Jansen kommt mit einem Mann aus dem Haus. Sie schütteln sich zum Abschied die Hände, lachen und klopfen sich auf die Schulter. Dann sitzt Herr Jansen wieder im Auto.

„Leider Fehlanzeige", sagt er. „Er hat nur Fohlen zu verkaufen."

„Oh, ein süßes Fohlen. Das wäre was!" Marina rutscht aufgeregt auf ihrem Sitz hin und her.

„Ganz bestimmt nicht." Dr. Hellmig schüttelt den Kopf. „Foh-

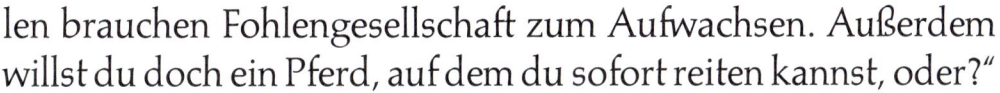

len brauchen Fohlengesellschaft zum Aufwachsen. Außerdem willst du doch ein Pferd, auf dem du sofort reiten kannst, oder?"

„Ja, schon", gibt Marina zu. „Aber angucken könnten wir sie doch mal. Bitte, bitte!"

„Schatz, wir haben wenig Zeit und wollen noch zu dem anderen Hof." Tante Lisa lässt das Auto an und fährt los.

„Vielleicht ein andermal", tröstet Herr Jansen Marina.

Auf der Fahrt unterhalten sich Dr. Hellmig und Herr Jansen über ihre Erlebnisse mit Pferden. Marina hat den Kopf an die Scheibe gelegt und schaut in die Landschaft. Sie ist sehr aufgeregt. Tante Lisa fragt ab und zu nach dem Weg.

Aber dann sind sie endlich da. Ein großes Holzschild mit der Aufschrift „Zur alten Hardtmühle" steht an der Einfahrt. Tante Lisa parkt das Auto.

Kaum sind sie ausgestiegen, sagt eine Männerstimme: „Tag, Hermann."

Herr Jansen dreht sich um. „Grüß dich, Albert." Er schüttelt dem Mann die Hand und sagt: „Das ist Herr Sandhorst, ihm gehört die Mühle hier." Dann stellt er Tante Lisa, Marina und Dr. Hellmig vor.

„Für wen ist denn nun das Pferd?", fragt Herr Sandhorst.

Herr Jansen zeigt auf Marina. Die bekommt vor Aufregung einen roten Kopf. „Gut", sagt Herr Sandhorst. „Dann wollen wir mal sehen." Er geht über den Hof voran. „Ich habe vier Haflinger, die nehme ich jetzt nur noch für die Kutsche und fahre meine Feriengäste spazieren."

„Und warum wollen Sie ein Pferd verkaufen?", fragt Tante Lisa.

„Die eine Stute ist schon über zweiundzwanzig Jahre alt, die darf sich öfter mal ausruhen. Die andere Stute möchte ich behalten, und einen Wallach. Das reicht für die Ausfahrten." Herr Sandhorst macht eine kurze Pause. „Vor einem Jahr wurden die Pferde noch regelmäßig bewegt. Da wohnte meine Tochter noch hier, und wir sind oft ausgeritten. Dann haben wir ausgebaut und viel mehr Feriengäste bekommen. Jetzt fehlt mir die Zeit dazu. Das eine Pferd ist einfach übrig, es hat nur Langeweile. Darum will ich es verkaufen."

Eine Holzbrücke führt über den alten Mühlgraben, dann erreichen sie die Weide. Die Pferde stehen eng beieinander und grasen. Als sie die Stimmen hören, wirft eins der Pferde den Kopf hoch und trabt heran. Die anderen trotten gemütlich hinterdrein.

„Der Erste ist Manou. Da ganz rechts, das ist Jonas, der andere Wallach", sagt Herr Sandhorst.

Manou ist als Erster am Gatter und streckt Marina neugierig den Kopf entgegen. Sie streichelt ihn; er stupst sie leicht an. „Manou ist der Frechere", erklärt Herr Sandhorst. „Aber eigentlich sind beide lieb. Manou ist sieben und Jonas sechs Jahre alt."

Tante Lisa geht zu Marina und beugt sich zu ihr. Sie flüstern miteinander. „Manou würden wir uns gern näher ansehen", sagt Tante Lisa.

„Hol ihn doch mal raus, und longier ihn ein bisschen", sagt Herr Jansen zu Herrn Sandhorst.

„Wir gehen hinter die Scheune, da haben wir Platz", sagt Herr Sandhorst und zeigt in die Richtung.

Auf dem Weg dorthin fragt Dr. Hellmig: „Hat er irgendwelche Krankheiten gehabt?"

Herr Sandhorst schüttelt den Kopf. „Eigentlich nicht. Früher waren seine Hufe nicht ganz in Ordnung, und einmal hat er eine leichte Kolik gehabt. Da hatte er aus einem Eimer Kuhmilch genascht."

„Ist er nicht zu lebhaft für Marina?", fragt Tante Lisa besorgt.

Herr Sandhorst lacht. „Er ist ein liebenswertes Schlitzohr und manchmal ein bisschen stur. Früher hat er oft Zicken gemacht, aber jetzt ist er aus den Flegeljahren raus. Er braucht jemanden, der sich viel mit ihm beschäftigt. Schauen Sie, wie gut die beiden sich schon verstehen!"

Er zeigt nach vorn. Marina redet leise auf Manou ein, und der spitzt seine Ohren und trottet ruhig neben ihr her.

„Ein schönes Tier", murmelt Dr. Hellmig.

Tante Lisa stößt ihm den Ellenbogen in die Seite. Sie zischt leise: „Sei still, du verdirbst noch den Preis!"

Hinter der Scheune ist ein ebener Platz. „Lass mich mal", sagt Herr Sandhorst zu Marina, löst den Führstrick und hakt die Longierleine ein. Er lässt Leine nach und stellt sich mit der Peitsche in die Mitte des Platzes.

„Sch-ritt!", befiehlt Herr Sandhorst. Manou setzt sich langsam in Bewegung. Dann bleibt er stehen und dreht den Kopf den Zuschauern zu, als wolle er sagen: „Was soll das Theater?"

„Na los, beweg dich", sagt Herr Sandhorst etwas energischer. Er berührt mit der Peitsche leicht die Hinterbeine des Pferdes. Jetzt geht Manou vorwärts im Kreis. „So ist es brav", lobt Herr Sandhorst und ruft nach ein paar Runden: „Tr-rab!"

Jetzt klappt es, und nach einigen Runden im Galopp ruft Herr Jansen: „Lass es gut sein, das reicht."

Aber Herr Sandhorst winkt Marina heran, hilft ihr aufs Pferd und sagt nur: „Halt dich an der Mähne fest." Und schon galoppiert Manou im Kreis herum.

„Nun, was meinen Sie?", fragt Herr Jansen und schaut Tante Lisa an.

Sie lächelt zufrieden. „Ich glaube, es war ein guter Tipp von Ihnen, hierher zu fahren."

Inzwischen hat Herr Sandhorst Manou gesattelt und reitet ein Stück auf dem Grasweg. „Er kann sogar aus dem Schritt angaloppieren!", ruft er stolz zu ihnen hinüber und macht es gleich vor. Dann kommt er auf sie zugeritten, hält an und springt aus dem Sattel. „So, Doktor, jetzt sind Sie an der Reihe", lacht Herr Sandhorst und sattelt ab.

Marina schaut Dr. Hellmig ängstlich an. „Hoffentlich hat er nichts."

Dr. Hellmig streicht ihr über die Haare. „Komm, das machen wir gemeinsam. Halten Sie ihn mal?", bittet er Herrn Jansen. „Wir fangen am Kopf an und schauen uns als Erstes die Augen an", erklärt Dr. Hellmig. „Sind sie trübe oder klar und lebendig, sind die Lidränder geschwollen oder entzündet?"

Marina schaut Manou aufmerksam an. „Er guckt ganz munter und frech", sagt sie. „Und gerötet sind die Augen auch nicht."

„Stimmt." Dr. Hellmig lacht. „Alles in Ordnung. Die Nüstern sind auch normal", murmelt er. „Jetzt die Zähne. Siehst du, das gefällt ihm gar nicht!"

Jetzt drückt der Arzt fest auf Manous Hals. „Warum machen Sie das?", fragt Marina.

„Da sitzt die Luftröhre, und ich stelle fest, ob er Hustenreiz hat."

Dann streicht er mit den Händen behutsam an den Vorderbeinen herunter und tastet die Gelenke ab. „Schon sind wir bei den Hufen", erklärt Dr. Hellmig. „Halte sie mal hoch."

„Warten Sie, ich habe hier einen Hufkratzer", sagt Herr Sandhorst.

„Ich mach das", sagt Marina eifrig. Manou lässt ohne Widerstand sein Vorderbein anheben, und Marina kratzt den Huf sauber.

Dr. Hellmig schaut aufmerksam. „Sie müssten mal ausgeschnitten werden."

„Ja, ich weiß", bestätigt Herr Sandhorst. „Der Hufschmied kommt nächste Woche."

„Waren die Hufe schon mal beschlagen?", fragt Herr Jansen.

„Früher, als wir öfter auf Asphalt mit der Kutsche fuhren. Aber bei den kurzen Ausflügen jetzt laufen die Pferde nur auf Sandwegen. Da haben wir die Hufeisen weggelassen."

Marina hebt die Hufe einen nach dem andern hoch und säubert sie. Hinten links zuckt Manou ein paarmal mit dem Bein, aber Marina hält es fest.

„Prima", lobt Herr Jansen.

Unterdessen hat Dr. Hellmig Schulter, Rücken und Kruppe nach empfindlichen Stellen abgetastet. Am Bauch entdeckt er eine kleine Stelle mit weißen Haaren. „Da hat mal was gedrückt", sagt der Tierarzt.

„Die Schnalle von einem Sattelgurt", bestätigt Herr Sandhorst.

„So, jetzt wollen wir ihn mal abhorchen", sagt Dr. Hellmig und holt das Stethoskop aus der Tasche. „Den Apparat kennst du, was?", fragt er Marina.

„Klar", sagt sie. „Damit untersucht man, ob komische Geräusche in der Lunge sind."

„Genau."

Lange braucht Dr. Hellmig nicht. Er zuckt mit den Schultern. „Der Bursche macht einen guten Eindruck."

Marina fällt ein ganz dicker Stein vom Herzen. Gespannt schaut sie zu Tante Lisa. Auf deren Gesicht ist aber nichts zu erkennen.

Sie sagt zu Herrn Sandhorst: „Vielleicht setzen wir uns kurz zusammen und reden über das Geschäftliche."

„Kommen Sie ins Haus", sagt er.

Und Herr Jansen meint: „Geht nur. Wir bringen das Pferd wieder auf die Weide und tragen die Sachen in den Schuppen."

Marina kneift die Lippen zusammen und schaut Herrn Jansen an. „Ob Tante Lisa ...", fängt sie an.

Er legt den Arm um ihre Schulter. „Wenn der Preis stimmt, klappt das schon. Ich hab deiner Tante ein paar Tipps gegeben."

„Keine Angst", mischt sich Dr. Hellmig ein. „Ich kenne Lisa lange genug. Vom Handeln versteht sie was!"

Marina hört gar nicht zu. Sie hat Magenschmerzen. Die Minuten ziehen sich endlos hin.

Dann geht im Haus eine Tür auf. Tante Lisa schaut heraus und ruft: „He, kommt rein. Wir wollen auf unser neues Pferd anstoßen!"

Marina steht wie gelähmt da. Dann lacht sie. „Ich hab ein Pferd! Ich hab ein Pferd!", jubelt sie und tanzt im Kreis. Die Tränen schießen ihr in die Augen. Und ehe einer etwas sagen kann, dreht sie sich um, läuft über den Hof und am Schuppen vorbei, und schon ist sie verschwunden.

„Kommen Sie", sagt Herr Jansen zu Dr. Hellmig. „Gehen wir ins Haus."

Der Pferdekauf

Die Untersuchungen beim Pferdekauf

Es gibt drei Arten von tierärztlichen Untersuchungen beim Pferdekauf:
– die Verkaufsuntersuchung,
– die Gewährschaftsuntersuchung,
– die Ankaufsuntersuchung.

1. Die Verkaufsuntersuchung

Hier beauftragt der Verkäufer einen Tierarzt, eine Untersuchung vorzunehmen. Sie ist in den meisten Fällen recht allgemein gehalten, damit dem Verkäufer nicht größere Kosten entstehen.

Da sie vor dem Kauf stattfindet, hat der eventuelle Käufer keinen Einfluss darauf, was untersucht wird.

Eine solch allgemeine Gesundheitsbescheinigung reicht jedoch kaum aus. Besser ist es auf jeden Fall, beim Kauf eines Pferdes einen Tierarzt eigener Wahl hinzuzuziehen.

2. Die Gewährschaftsuntersuchung

Gewährschaftsuntersuchung bedeutet, dass ein vom Käufer selbst ausgewählter Tierarzt nach dem Kauf das Pferd eingehend untersucht.

Dabei werden die im Vertrag festgehaltenen Punkte (zum Beispiel: „Das Pferd ist kerngesund und fehlerfrei") überprüft.

Der Vorteil: Innerhalb von sechs Wochen kann der Tierarzt das Pferd in Ruhe untersuchen und hat dadurch bessere Möglichkeiten und mehr Zeit zur Beobachtung und Beurteilung.

Der Nachteil: Wird ein Mangel festgestellt, muss der Käufer beweisen, dass dieser schon vor dem Kauf bestanden hat und nicht zu erkennen war.

Kommt es zu einem solchen Streit, endet der Fall meist vor Gericht; die Verfahren dauern oft sehr lange und kosten sehr viel Geld.

3. Die Ankaufsuntersuchung

Bei der Ankaufsuntersuchung wird vor dem Kauf, meist vom eventuellen Käufer, ein Tierarzt bestimmt, der die Untersuchung vornimmt.

Der Nachteil liegt darin, dass dem Tierarzt nur wenig Zeit für die Beurteilung zur Verfügung steht. Der Käufer aber macht seine Entscheidung vom Urteil des Tierarztes abhängig. Deshalb ist es besonders wichtig, einen Tierarzt mit viel Pferde-Erfahrung zu finden. Der Käufer kann den Umfang der Untersuchung selbst bestimmen. Meist richtet sie sich nach Verwendungszweck, Alter und Preis des Pferdes. Auch die bisherige Art der Nutzung des Pferdes spielt eine große Rolle.

Auf jeden Fall sollten folgende Punkte auf der Untersuchungsliste stehen:

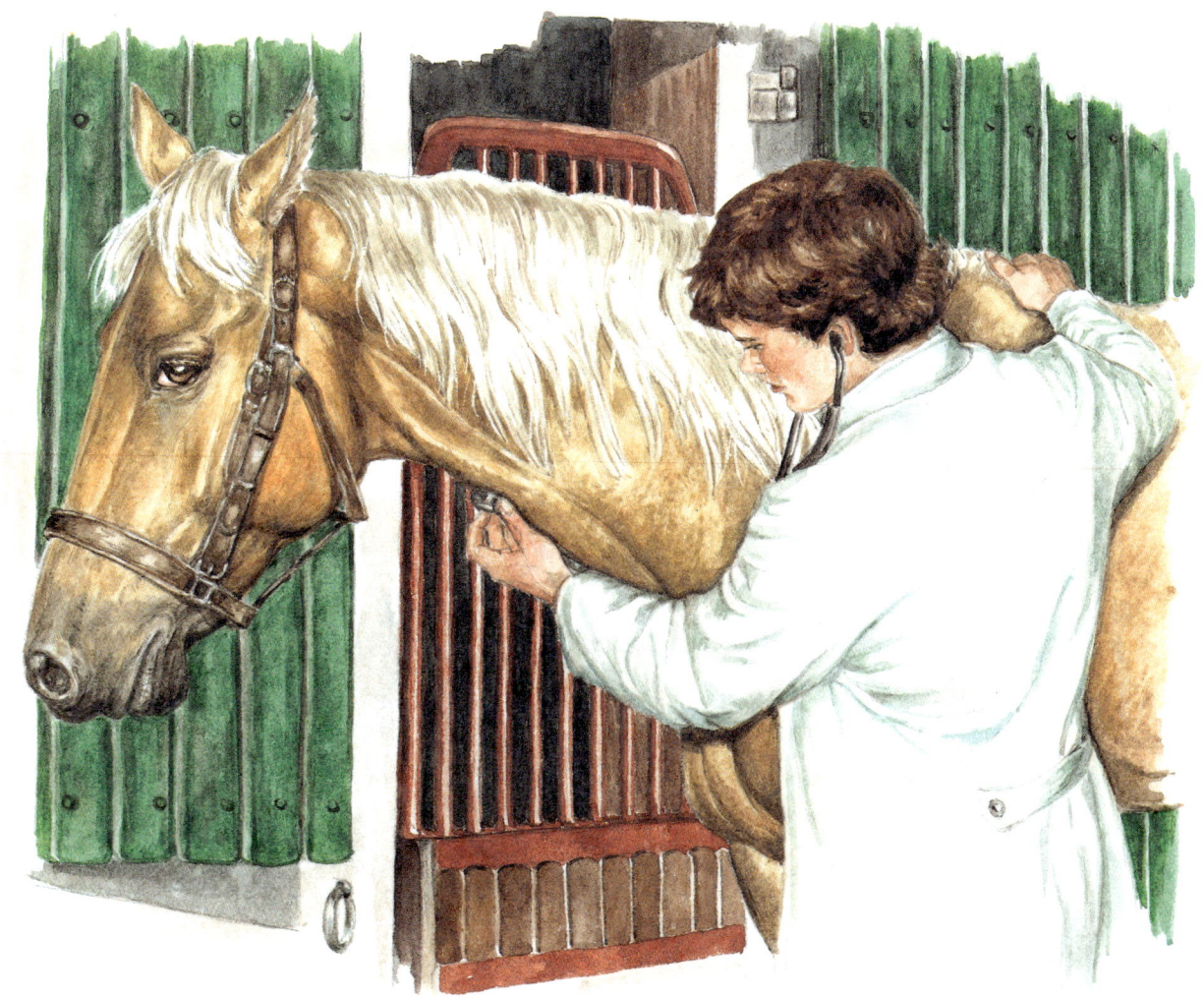

- allgemeiner äußerer Zustand (Fell, Ausdruck, Lebhaftigkeit),
- die Sinnesorgane,
- die Atmung,
- Herz und Kreislauf,
- die Verdauungsorgane
- Muskulatur, Gelenke, Hufe.

Die Untersuchung wird mit und ohne Belastung, im Stand und in der Bewegung erfolgen. An den Beinen wird der Tierarzt Beugeproben vornehmen (zum Beispiel Spatprobe/Brettprobe), um krankhafte Veränderungen an den Gliedmaßen zu erkennen.

Nur in Zweifelsfällen werden weitere Untersuchungen wie Röntgenaufnahmen oder Laborproben nötig sein.

Der Tierarzt untersucht

Im Folgenden ist aufgelistet, worauf ein Tierarzt und Pferdekenner bei der Untersuchung achtet:
- Das Pferd soll draußen bei Tageslicht auf ebenem Untergrund stehen.
- Der erste Eindruck: Steht das Pferd gelassen und ruhig, oder ist es unruhig, ängstlich, scheu?
- Das Auge: Ist es klar oder trüb? Gibt es Veränderungen an den Lidern und Augenrändern? Tränt es? Größe der Augen. Wirkt es matt oder lebhaft? Gerötete Lidränder und matte Augen weisen auf Krankheiten hin, zum Beispiel auf eine Erkältung oder auf Würmer.

- Die Nüstern: Atmet das Pferd gleichmäßig durch die Nüstern? Sind Reste von Nasenausfluss zu sehen?
- Die Zähne: Entspricht die Stellung dem Alter? Sind sie normal abgenutzt? Gibt es Veränderungen in der Maulhöhle? Sind die Maulwinkel unverletzt?
- Sind die Lymphknoten hinter dem Kinn geschwollen?
- Der Hals wird abgetastet und dann die Mähne auf Ekzeme und Ausschlag untersucht.
- Der Widerrist wird abgetastet und auf Satteldruck untersucht, ebenso der Rücken. Weiße Haarstellen weisen auf früheren Satteldruck hin; zuckt das Pferd beim Abtasten zusammen oder knickt es sogar die Hinterhand ein, ist dies ein Anzeichen dafür, dass es Schmerzen hat.
- Ist der Brustkorb gut ausgebildet, damit Herz und Lunge gut arbeiten können?

- Der Rücken wird auf Fehler untersucht: Senkrücken oder Karpfenrücken? Verbindung zum Hals.
- Wie ist das Fell? Struppig und stumpf – Verdacht auf Würmer. Das Fell eines gesunden Tieres ist glatt und glänzend.
- Wie sieht der Schweif aus? Ausschlag am Schweifansatz? Sind beim Hengst oder Wallach Hoden und Schlauch, bei einer Stute Scheide und Euter sauber oder verklebt?
- Wie sieht der Bauch aus? Zu dick oder zu dünn? Sind Veränderungen an der Bauchseite zu sehen, zum Beispiel Dampfrinne?
- Die Beine sowie die Gelenke und Sehnen werden abgetastet und auf Verknöcherungen oder Schwellungen untersucht.
- Die Hufe: Haben sie normale Form (oder zu spitz, zu steil, zu flach)? Ist die Hufwand glatt, oder hat sie Risse oder Verdickungen und Wülste, die auf eine frühere Hufrehe hinweisen? Sind Hufstrahl, die Sohle und der Tragrand in Ordnung? Stehen Hufe und Fessel im richtigen Winkel? Stehen Vorder- und Hinterbeine gerade, oder sind Stellungsfehler vorhanden?
- Mit dem Stethoskop werden Lungen- und Herzgeräusche kontrolliert.
- Beim Laufen, Longieren und Vorreiten des Pferdes sind die Gangarten zu beobachten. Tritt das Pferd vorne kurz, „schont" es, wirkt es in den Bewegungen steif? Schlägt es beim Reiten mit dem Schweif? Weicht es beim Auflegen des Sattels mit dem Rücken aus?
- Wie sieht nach dem Vorführen der Nasenausfluss aus? Normale leichte Nässung oder weißlicher gelber Schleim?

Eine solche Untersuchung ist natürlich mehr oder weniger oberflächlich. Besteht Verdacht auf innere Schäden, müssen weitere Untersuchungen, zum Beispiel Röntgenaufnahmen, gemacht werden.

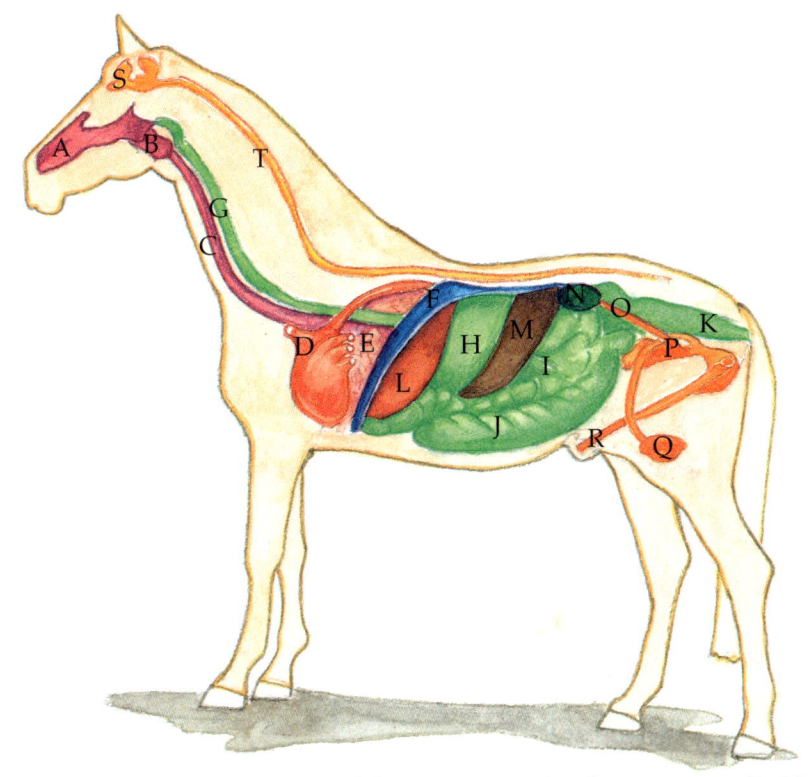

A	Nasenhöhle	F	Zwerchfell	K	Mastdarm	P	Harnblase
B	Kehlkopf	G	Speiseröhre	L	Leber	Q	Hoden
C	Luftröhre	H	Magen	M	Milz	R	Penis
D	Herz	I	Dünndarm	N	Niere	S	Gehirn
E	Lunge	J	Dickdarm	O	Harnleiter	T	Rückenmark

Die Haupt- oder Gewährsmängel

Hat ein Pferd die nachstehend aufgeführten Mängel, muss der Verkäufer dem Käufer dies mitteilen. Stellt der Käufer einen der Gesundheitsmängel später fest, weil er zunächst verschwiegen wurde, kann er innerhalb von 14 Tagen den Kauf rückgängig machen. Ein guter Tierarzt kann bei der Ankaufsuntersuchung versteckte Hauptmängel feststellen.

Zu den Hauptmängeln gehören:

1. Dämpfigkeit

Hierbei handelt es sich um eine chronische, unheilbare Krankheit der Lunge oder des Herzens, vergleichbar mit dem Asthma beim Menschen.

Im späteren Stadium zeigt sich beim Ausatmen am Rumpf eine längliche Vertiefung, die so genannte Dampfrinne. Sie entsteht, weil die Bauchmuskulatur helfen muss, die Atemluft aus der Lunge zu pressen.

2. Dummkoller

Dies ist die unheilbare Folge einer Gehirnwassersucht. Das Pferd hat Bewusstseinsstörungen und gerät häufig aus dem Gleichgewicht.

3. Kehlkopfpfeifen

Das Pferd leidet an einer chronischen Atemstörung. Beim Einatmen ist ein hartes, röhrendes Geräusch zu hören. Größere Anstrengungen sind dem Pferd nicht möglich.

4. Koppen

Ein Pferd zieht durchs Maul Luft ein, die in den Magen gerät und leicht Koliken oder Magenverstimmungen auslöst. „Krippensetzer" werden solche Kopper genannt, die beim „Luftfressen" ihre Zähne auf die Futterkrippe pressen. Das hinterlässt Spuren an den Schneidezähnen.

5. Periodische Augenentzündung

Sie wird auch Mondblindheit genannt, weil sie in regelmäßigen Abständen von vier bis sechs Wochen wieder auftritt. Die Augen sind lichtempfindlich, die Lider bleiben halb geschlossen, das Auge tränt, und die Hornhaut trübt sich. Die Krankheit führt zur Erblindung, wenn sie nicht frühzeitig erkannt und behandelt wird.

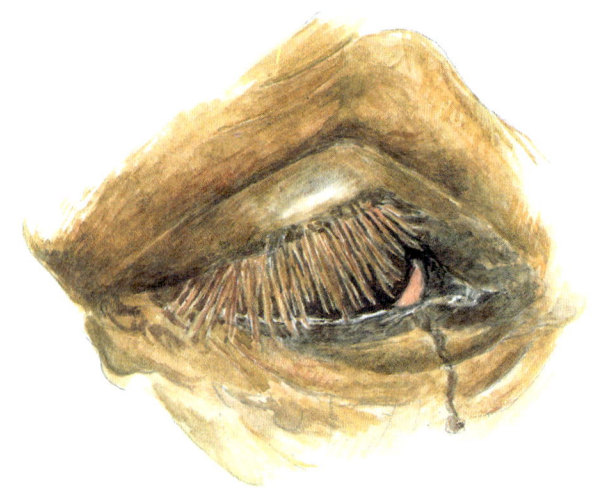

6. Rotz

Der Rotz zählt zwar zu den Hauptmängeln, tritt aber in den europäischen Ländern nicht mehr auf. Diese Erkrankung verläuft tödlich.

Checkliste für den Pferdekauf

Ein paar wichtige und entscheidende Überlegungen sollten vor einem Pferdekauf selbstverständlich sein:

Voraussetzungen

- Was für ein Stall steht zur Verfügung? Ist es ein Offenstall oder ein Stall mit Auslauf, der eine pferdegerechte Haltung ermöglicht?
- Gibt es für die Sommermonate ausreichend große Weideflächen (für ein größeres Pferd etwa einen Hektar, für ein Pony einen halben Hektar)? Steht womöglich eine Winterweide zur Verfügung?
- Hast du ausreichend Zeit für Pflege und Beschäftigung des Pferdes?
- Wird das Pferd im Stall und auf der Weide Pferdegesellschaft haben?

Welches Pferd?

- Welches Pferd für welchen Zweck? Soll das Pferd ausschließlich geritten werden oder auch vor einer Kutsche laufen? Soll eine besondere Ausbildung (zum Beispiel Westernreiten) erfolgen?
- Möchtest du das Pferd auch später reiten, wenn du größer bist! Das ist bei der Auswahl der Pferderasse und deren Stockmaß zu berücksichtigen.

- Wallache gelten allgemein als sehr verträglich. Oder möchtest du gern ein Fohlen aufziehen? Dann käme eine Stute in Frage. Natürlich spielt auch der Kaufpreis eine Rolle. Manche Rassen sind sehr teuer, andere sind günstiger. Müssen Abstammungspapiere sein?
- Wie alt soll das Pferd sein? Hast du Pferde-Erfahrung, um ein jüngeres Pferd aufzuziehen, oder sollte es lieber ein älteres Tier sein, das ruhiger ist und ausgebildet wurde? Wie gut sind deine Reitkenntnisse?
- Welches Pferde-Temperament passt zu dir: Entspricht dir eher ein ruhiges, gemütliches Tier oder ein freches, lebhaftes? Kommst du mit einem selbstbewussten Pferd zurecht, oder würde es zu Machtkämpfen kommen?

Aussichten

- Sind der Stall und die Weide für dich leicht und schnell erreichbar?
- Ist in der Nähe ein Reitplatz oder ein ähnliches Gelände vorhanden, wo du mit deinem Pferd trainieren kannst?
- Gibt es Freunde oder Freundinnen, die mit dir ausreiten, mit denen du Probleme bereden kannst und die dir auch mal helfen könnten?

Fuchs

Schimmel

Falbe

Brauner

Rappe

Der Körperatlas des Pferdes

„Ein gutes Pferd hat keine Farbe!"

Die Urpferde trugen zur Tarnung einen mausgrauen bis gelbbraunen Pelz. Damit waren sie ihrem Lebensraum gut angepasst und vor Feinden geschützt. Die heute üblichen Fellfarben der Pferde hat der Mensch durch Züchtung beeinflusst. Dabei entstanden zunächst vier Grundfarben:

Schimmel, dessen Deckhaar weiß wirkt;

Rappe, völlig schwarz, einschließlich Mähne und Schweif;

Brauner, hell bis dunkelbraun, mit etwas dunklerer Beinfärbung und schwarzer Mähne und Schweif;

Fuchs, rötlich braun, mit gleichfarbigen langen Haaren.

Dazu kommen noch die Falben, die mit ihrem gelblichen bis gelblich braunen Fell – oft mit dunklem Aalstrich auf dem Rücken – farblich den Urpferden ähneln. Schecken sind Pferde, die große zusammenhängende Farbflecken im Fell ausweisen. Isabellen haben eine hell- bis goldgelbe Farbe. In Amerika werden Tiere mit weißer Mähne und Schweif „Palomino" genannt. Ein besonderes Farbmuster und eine auffallende Fellzeichnung hat der ebenfalls aus Amerika stammende Appaloosa.

Weit mehr als die Rappen war durch die Jahrhunderte der Schimmel die beliebteste und bevorzugte Farbe. Könige zeigten sich mit Vorliebe auf Schimmeln, in vielen Märchen, Sagen und Erzählungen spielen „weiße" Pferde eine Rolle. Sie galten als edle und besonders schöne Tiere.

Schimmel kommen nicht weiß zur Welt. Oft deutet beim jungen Pferd ein grauer Schimmer um Augen, Maul oder Beine auf die spätere weiße Farbe hin. Meist steht aber in den Geburtsscheinen oder Verkaufsanzeigen „k. Schi. w.", das heißt: kann Schimmel werden. Denn erst mit zunehmendem Alter wird das Fell immer weißer. Dabei verlieren die Haare ihren Farbstoff, so wie bei der Graufärbung der Haare beim Menschen.

Einen „Nachteil" allerdings hat das strahlende Pferdeweiß: Es ist nicht sehr pflegeleicht und muss ausgiebig geputzt werden.

Immer wieder schrieb man bestimmten Farben besondere Eigenschaften zu. Diese alten „Weisheiten" wurden in gereimten Sprüchen übermittelt. „Wähl den Rappen, willst du Feuer. Falben gut, sind nie zu teuer." „Schimmel, oftmals träg geboren, Füchse haben's hintern Ohren." Oder: „Braune, leuchten sie auch wenig – sind verlässlich, drahtig, sehnig."

Doch all diese Eigenschaften haben mit den Farben der Pferde nichts zu tun. Deswegen sagen Pferdekenner: „Ein gutes Pferd hat keine Farbe!" Die Farbe sollte also bei der Auswahl eines Pferdes nicht die Hauptrolle spielen. Denn die gewünschten Eigenschaften und Temperamente kommen bei Schimmeln ebenso vor wie bei Rappen, Füchsen, Braunen oder Schecken.

Schecke

71

Haut und Haare

Die Haut der Pferde besteht aus drei Schichten: der äußeren Oberhaut mit dem Fell, der darunter liegenden Lederhaut und der Unterhaut; Lederhaut und Unterhaut sind mit Blutgefäßen, Nervenfasern, Schweiß- und Talgdrüsen durchsetzt.

Die Haut schützt den Pferdekörper vor der Witterung und regelt übers Schwitzen zugleich die Körpertemperatur.

Außerdem werden vier verschiedene Haararten unterschieden: die Deck-, Woll-, Schutz- und Tasthaare.

Das Deckhaar ist als Fell über den ganzen Körper verteilt. Es hält Regen und Kälte ab. Wie dicht und dick dieser Pelz ist, hängt von der jeweiligen Rasse ab, aber auch davon, ob die Pferde hauptsächlich im Freien oder im Stall sind. Vor und nach dem Winter wird das Fell gewechselt. Wird es kalt, wachsen die Haare länger. Zusätzlichen Schutz bieten die Wollhaare zwischen den Deckhaaren. Dadurch sieht das Fell flauschiger aus und glänzt nicht so stark wie im Sommer. Auch Fohlen besitzen zunächst den Flaum der Wollhaare.

Die Schutzhaare sind länger als die Deckhaare und schützen empfindliche Körperteile. Sie bedecken die inneren Ohrmuscheln, aber auch Schopf, Mähne und Schweif. Der Haarbehang an den Beinen der Kaltblüter besteht ebenfalls aus Schutzhaaren.

Tasthaare schließlich finden wir an Augen, Nase und um das Maul. Es sind praktisch „Antennen", die mit Nervenfasern des Tastsinnes verbunden sind. Deshalb dürfen sie auf keinen Fall entfernt werden.

Von Flocken und Schnippen: Abzeichen am Kopf

Diese Abzeichen sind angeboren und verändern sich auch im Alter nicht. Und keines gleicht genau dem anderen! Deshalb werden sie als „Erkennungszeichen" in die Papiere eingetragen.

Die Kopfabzeichen werden nach Lage, Größe und Form benannt. Die wichtigsten sind:

Flocke; das sind kleine weiße Zeichen auf der Stirn, ähnlich einer Schneeflocke.

Stern; ebenfalls auf der Stirn, aber ein etwas größerer Fleck.

Strich; so nennt man ein schmales, senkrecht verlaufendes Zeichen auf dem Nasenrücken.

Blesse; sie verläuft von der Stirn bis zum Nasenrücken, den Nüstern oder der Oberlippe, ist verschieden breit oder lang und wird dementsprechend unterschiedlich benannt. Eine Blesse, die bis zum Rand der Oberlippe reicht, wird als „durchgehende Blesse" bezeichnet. Eine breite Blesse bis ums Auge heißt Laterne.

Schnippe; das Zeichen befindet sich zwischen den Nüstern oder auf der Oberlippe.

Milchmaul; eine weiße Färbung am Maul wird so bezeichnet.

Krötenmaul; die Färbung am Maul ist rosafarben und gefleckt.

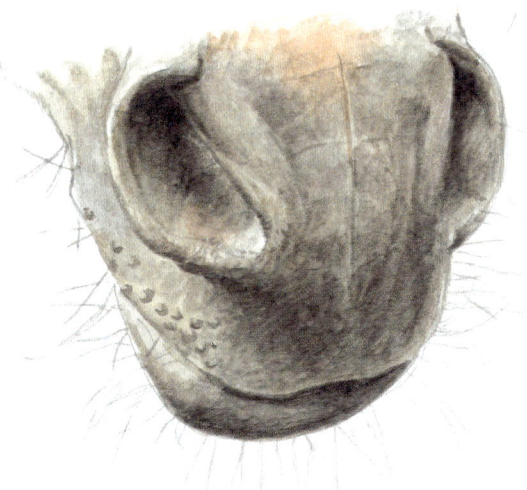

Flocke

Stern

Strich

Laterne

durchgehende
Blesse

Schnippe

Milchmaul

Krötenmaul

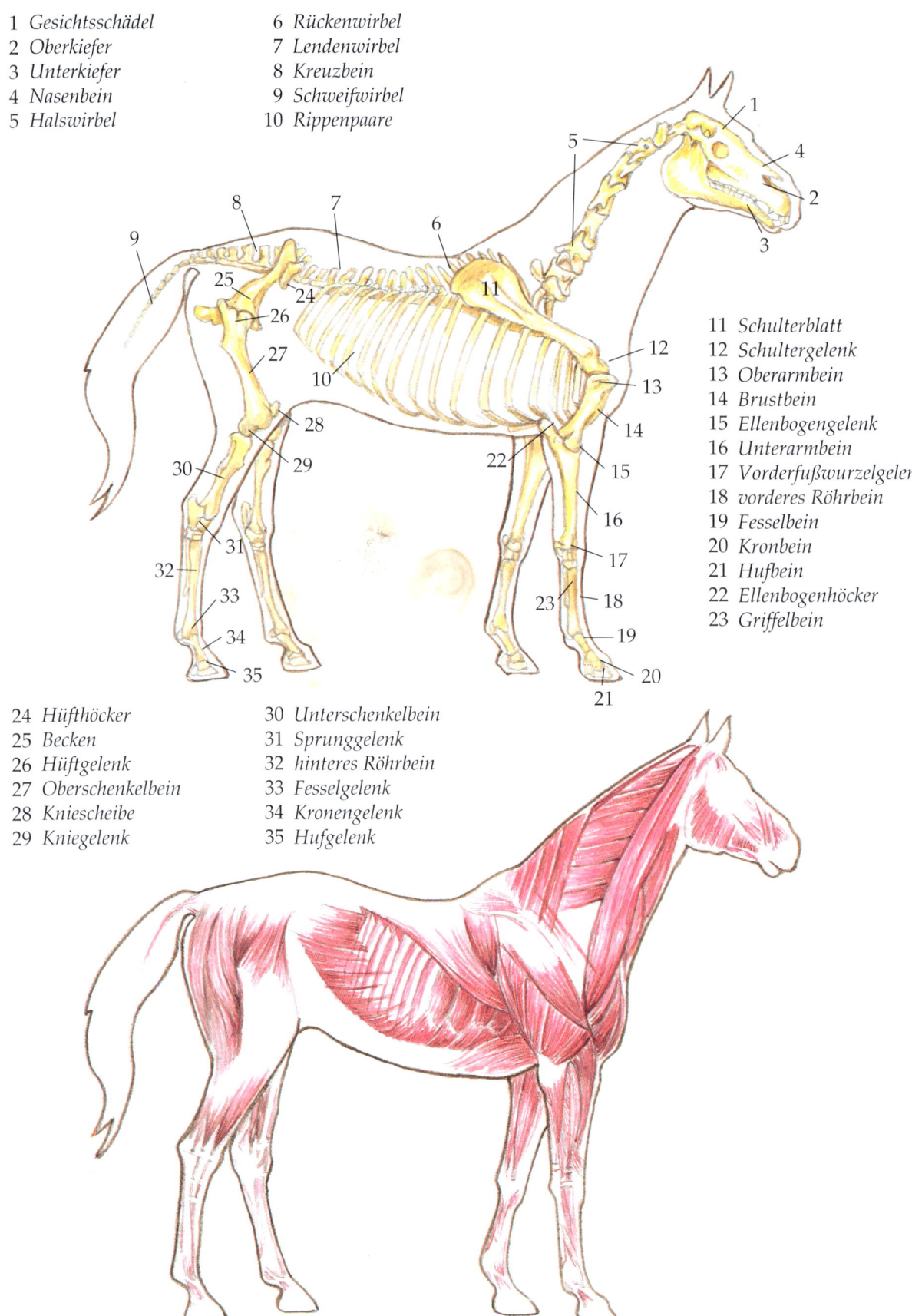

1 Gesichtsschädel
2 Oberkiefer
3 Unterkiefer
4 Nasenbein
5 Halswirbel

6 Rückenwirbel
7 Lendenwirbel
8 Kreuzbein
9 Schweifwirbel
10 Rippenpaare

11 Schulterblatt
12 Schultergelenk
13 Oberarmbein
14 Brustbein
15 Ellenbogengelenk
16 Unterarmbein
17 Vorderfußwurzelgelenk
18 vorderes Röhrbein
19 Fesselbein
20 Kronbein
21 Hufbein
22 Ellenbogenhöcker
23 Griffelbein

24 Hüfthöcker
25 Becken
26 Hüftgelenk
27 Oberschenkelbein
28 Kniescheibe
29 Kniegelenk

30 Unterschenkelbein
31 Sprunggelenk
32 hinteres Röhrbein
33 Fesselgelenk
34 Kronengelenk
35 Hufgelenk

74

Das Innenleben:
Knochen, Gelenke, Muskeln und Organe

Bei den Wirbeltieren ist der Körper um ein Knochengerüst, das Skelett, gebaut. Das Skelett bestimmt die Form und Größe des Pferdes und besteht aus ungefähr 200 Knochen. Der Rücken wird vom Brustkorb gestützt und kann daher Gewicht tragen. Muskeln umschließen die Knochen und Gelenke.

Der Brustkorb wird durch Wirbelsäule, Rippen und Brustbein gebildet und umschließt Lunge und Herz.

Das Verdauungssystem der Pferde ist so gebaut, dass Nahrung mit hohem Faseranteil und geringem Nährstoffgehalt aufgeschlossen und verdaut werden kann. Dabei ist der Magen sehr klein und nur geringfügig größer als das Herz. Damit die Pferde große Mengen Futter verdauen können, haben sie einen sehr langen Dickdarm.

Eine weitere Besonderheit bei Pferden ist, dass sie aufgenommenes Futter nicht wieder hochwürgen und erbrechen können. Was gefressen wird, muss den Körper und den Verdauungstrakt durchwandern.

Der Zahn der Zeit

Das Pferd zermalmt beim Fressen die pflanzliche Nahrung. Dazu braucht es viele flache Zähne. Damit alle Zähne „Platz haben", ist der Kopf ziemlich lang.

Pferdezähne nutzen sich viel schneller ab als Menschenzähne. Sie wachsen jedoch langsam nach, solange das Pferd lebt.

Anhand von Zahnwechsel, Abnutzung der Zahnflächen und Veränderung der Schneidezähne kann man das Alter von Pferden bestimmen.

Ober- und Unterkiefer weisen je drei Schneidezähne (Zange, Mittel- und Eckzahn) und sechs Backenzähne auf. Insgesamt haben männliche Pferde in der Regel 40, Stuten 36 Zähne.

Form und Stellung der Schneidezähne verändern sich im Laufe der Zeit; die Vertiefungen auf der Kaufläche werden „Kunden" genannt.

A Zangen
B Mittelzähne
C Eckzähne
D Hakenzähne

E–G vordere Backenzähne
H–J hintere Backenzähne

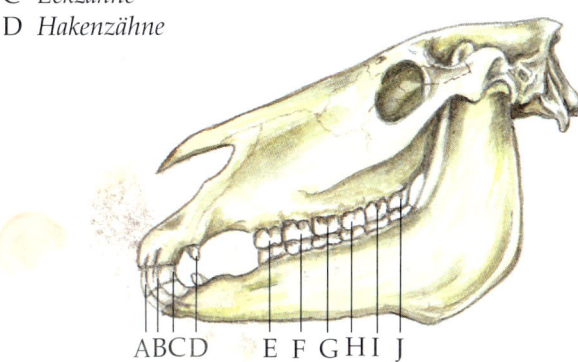

ABCD   E F G H I J

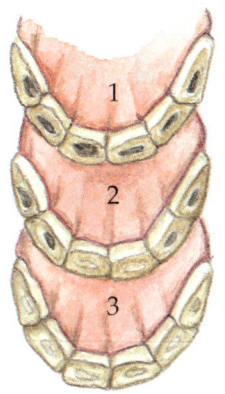

1–3:
allmähliche Abnutzung der Kauflächen. Die Kunden schleifen sich völlig ab.

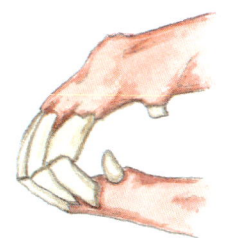

Der Einbiss eines 8-jährigen Pferdes: Die Schneidezähne stehen im stumpfen Winkel zueinander.

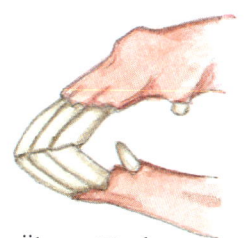

Älteres Pferd:

Die Schneidezähne stehen spitzwinklig aufeinander.

75

Das folgende Gedicht dient als „Merkhilfe" und beschreibt die Veränderungen beim Pferdegebiss:

Des Rosses Alter zu erkennen,
will ich euch diese Regel nennen:
Kaum ist zur Welt der junge Gaul,
bekommt er Zangen schon im Maul.

Dann kommen in den ersten Wochen
die Milchzähne hervorgekrochen.
Mit sechs- bis neunmal dreißig Tagen
die Eckzähne hervor sich wagen.

Dann, mit zweieinhalb Jahren, fangen
zu wechseln an die mittleren Zangen.
Mit drei und einem halben Jahr
folgt diesen nach das Nachbarpaar.

Mit viereinhalb an beiden Ecken
Ersatzschneidezähne sich jetzt recken.
Das Füllen wird somit zum Pferd.
Der Hengst mit Haken ist bewehrt.

Mit sechs Jahren zeigen Zangen nur
von „Kunden" eine kleine Spur.
Vom Mittelzahn ist sie mit sieben,
mit acht vom Eckzahn abgerieben,
der erste „Einbiss" zu entdecken.

Im elften Jahr verschwindet er,
jedoch erscheint ein weiterer,
wodurch ein jedes Pferd prägnant
als über dreizehn wird erkannt.

Die querovale Reibefläche hält,
bis dass der Gaul zwölf Jahre zählt.
Dreieckig ist die Form alsdann,
der runde Querschnitt schließt sich an.

Und immer länger wird der Zahn,
und immer schräger steht er dann,
sodass der Gaul mit knapper Not
sein Futter beißt; dann naht der Tod.

Schmecken und Riechen

Die Geschmacksnerven des Pferdes liegen überwiegend auf der Zunge, aber auch in Teilen der Mundschleimhaut und vor dem Rachenschlund. Der Geschmackssinn ist wichtig bei der Nahrungssuche und der Auswahl des Fressens.

Auf großen Wiesen mit Sträuchern und Bäumen sowie vielen Kräutern können sich Pferde ausgewogen und gesund ernähren. Sie knabbern Baumrinde und fressen kleine Äste, Blätter und bestimmte Kräuter. So versorgen sie sich mit allen wichtigen Vitaminen und Mineralien.

Da sich Pferde nicht übergeben können, müssen sie zwischen bekömmlicher und unbekömmlicher Nahrung unterscheiden. Haben sie jedoch keine ausreichende Auswahl an Nahrung, naschen Pferde auch mal an Liguster oder Efeu, Akazien oder Eiben. Diese Pflanzen sind jedoch für Pferde giftig bis hochgiftig. Man kann sich also nicht darauf verlassen, dass Pferde selbst am besten wissen, was ihnen bekommt und was nicht. Da die meisten Weiden keine große Auswahl an Hecken und Bäumen aufweisen, müssen giftige Pflanzen unbedingt sicher abgeschirmt werden. So kommen die Pferde gar nicht erst in Versuchung, von ihnen zu probieren.

Der Geruchssinn spielt eine große Rolle bei der Futterauswahl, aber auch beim Wittern von Gefahr und dem Verhalten untereinander in der Herde.

Pferde haben vermutlich so lange Köpfe entwickelt, weil sich außer der langen Reihe Zähne hinter den Nüstern auch noch eine große Fläche Riechschleimhaut befindet.

Beim normalen Atmen gelangt die Luft nicht in alle Bereiche der Nasenhöhle. Erst beim Wittern wird die Luft in die Höhle gepresst und erwärmt, und es werden verschiedene Düfte herausgefiltert.

Hören und Sehen

Die Pferdeohren können unabhängig voneinander in verschiedene Richtungen gedreht werden. Dreizehn Muskelpaare machen das möglich. Wie kleine Radarschirme orten die Ohrmuscheln Geräusche und geben sie an das Gehirn weiter. Die Ohren drücken durch ihre Stellung aber auch Stimmungen aus oder senden Signale an andere Pferde oder an Menschen. Diese Mitteilungen gehören zur „Pferdesprache".

Die Geräusche werden von beiden Ohren getrennt aufgenommen. Dadurch kann die Entfernung der Töne eingeschätzt werden und die Gefahr, die sie signalisieren. Oft sucht das Fluchttier Pferd zunächst aus Angst das Weite. In sicherer Entfernung hält

es dann an und überprüft erneut mit Augen und Ohren die Lage.

Das Pferd hat sehr große Augen, größere als zum Beispiel Elefant, Wolf oder Luchs. Ein großes Auge fängt mehr Licht auf und ermöglicht auch in der Dämmerung oder Dunkelheit eine bessere Sicht. Außerdem wird das Gesichtsfeld größer.

Die Augen befinden sich beim Pferd seitlich am Kopf. Dadurch hat es fast Rundumsicht. Das hat einerseits den Sinn, Feinde oder Gefahr von hinten frühzeitig zu erkennen, um zu flüchten. Andererseits ist es für die Verständigung und den Blickkontakt mit den anderen Tieren der Herde wichtig. Denn so kann das Pferd seitlich und nach hinten sehen, auch wenn es grast und den Kopf am Boden hält.

Füße aus Horn: die Hufe

Pferde sind Lauftiere, und darum sind die Hufe für sie lebenswichtig. Sie müssen den gesamten Körper tragen und fortbewegen.

Lebt das Pferd im Freien, ist es fast den ganzen Tag in Bewegung. Beim Grasen bewegt es sich langsam mit gesenktem Kopf über die Weide; ein- oder zweimal am Tag sucht es die Wasserstelle und bestimmte Plätze zum Ruhen oder Schlafen auf. Die Hufe werden außerdem beansprucht, wenn das Pferd schnell losläuft oder anhält, beim Zurücklegen langer Wegstrecken und in den verschiedenen Gangarten. Auch das Gewicht des Reiters muss von den Hufen „aufgefangen" werden.

Äußerlich wirken die Hufe starr und wie totes Material. Das täuscht, denn der Huf ist elastisch. Dafür sorgen das Innere mit einer Mischung aus hartem und weichem Horn und die Schrägstellung der Hufwände.

Im Inneren des Hufes befindet sich ein Geflecht von Blutgefäßen. Bei Belastung wird durch Spreizen und Zusammenziehen der Hufwände das Blut zurück in den Rumpf „gepumpt". Auf weichem Boden hilft dabei der Strahl als Pufferkissen. Er wird zusammengedrückt und schiebt die Trachtenwände geringfügig nach außen. Damit wird der Blutkreislauf in Schwung gehalten. So wird verständlich, wie wichtig tägliche Bewegung für die Gesunderhaltung der Hufe und somit des Pferdes ist.

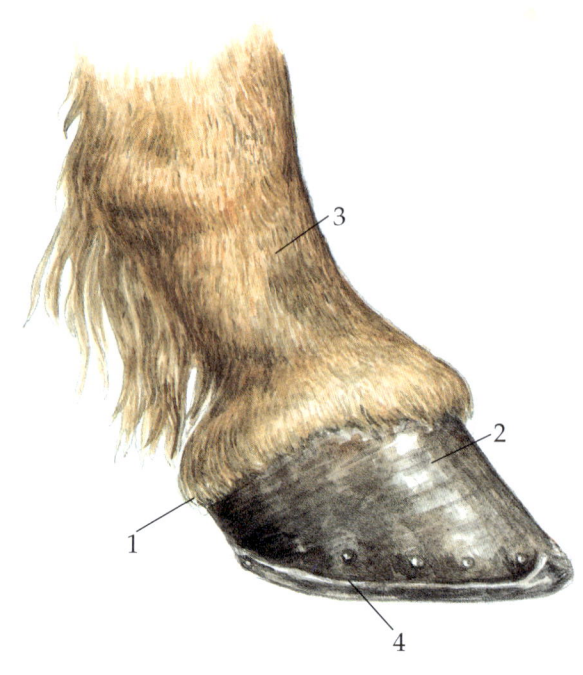

1 Ballen
2 Hufwand
3 Fessel
4 Sohle

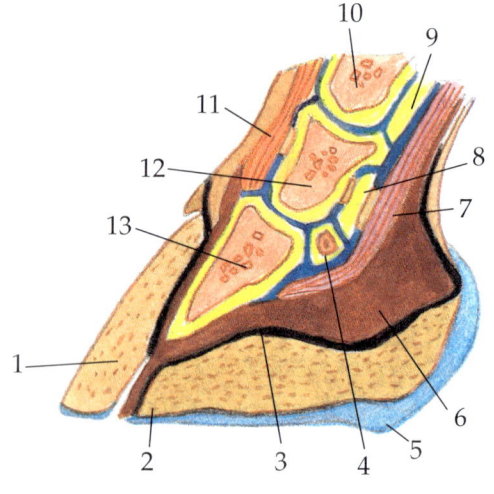

1 Hufwand
2 Hornballen
3 Huflederhaut
4 Strahlbein
5 Hornstrahl
6 Strahlkissen
7 Beugesehne
8 Strahlbeinlagen
9 Kronbeinlagen
10 Fesselbein
11 Strecksehne
12 Kronbein
13 Hufbein

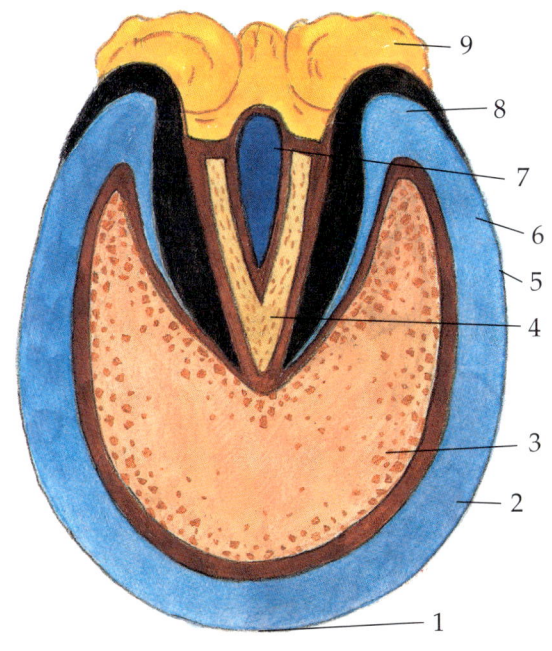

1 Spitze
2 Tragrand
3 Hufsohle
4 Hornstrahl
5 ebener Rand der Hufwand
6 Ferse
7 mittlere Strahlgrube
8 Eckenstrebenwinkel
9 Ballen

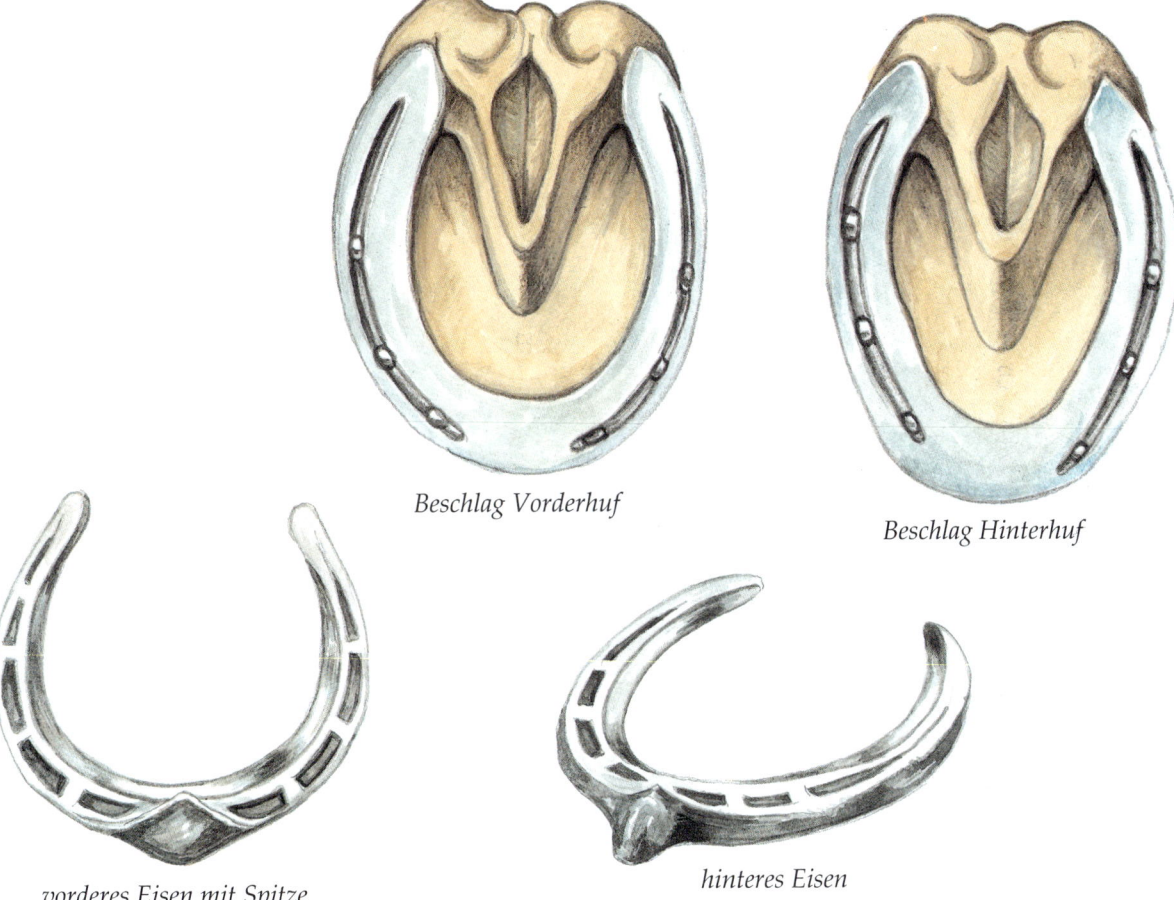

Beschlag Vorderhuf

Beschlag Hinterhuf

vorderes Eisen mit Spitze

hinteres Eisen

Das Traumpferd

Häufig wird die Beurteilung eines Pferdes auf die Farbe, Größe oder Rasse beschränkt.

Es gibt jedoch wichtige äußerliche Merkmale, die auf Temperament, Charakter, Leistungsvermögen und Gesundheit schließen lassen. Alles zusammengenommen, ergibt das Traumpferd, das schön aussieht, vom Charakter her zum Menschen passt und für den richtigen Zweck ausgesucht wurde.

Viele Körpermerkmale geben Hinweise.

So deuten große Augen meist auf ein lebhaftes Temperament hin. Ebenmäßig geformte, bewegliche Ohren zeigen die Aufmerksamkeit eines Pferdes. Die verschiedenen Kopfformen sind eher eine „Geschmacksfrage". Manche bevorzugen die „Hechtköpfe" der Araber, andere die Ramsnasen der Andalusier oder Kladruper.

Der Hals hat großen Einfluss auf die Bewegungsabläufe, da er in direkter Verbindung mit dem Rücken steht. Er sollte gut geformt sein und mit dem Körper harmonieren.

1 *Mähnenkamm*, 2 *Ohr*, 3 *Schläfen*, 4 *vordere Schädelbasis*, 5 *Auge*, 6 *Nasenrücken*, 7 *Kinnbacken*, 8 *Oberlippe*, 9 *Unterlippe*, 10 *Kinn*, 11 *Fontanelle*, 12 *Ganaschen*, 13 *Kehle*, 14 *Kehlgang*, 15 *Schulter*, 16 *Bugspitze*, 17 *Ellenbogengelenk*, 18 *Unterarm*, 19 *Kniegelenk*, 20 *Vordermittelfuß*, 21 *Fesselkopf*, 22 *Fessel*, 23 *Kronenrand*, 24 *Huf*, 25 *Unterbrust*, 26 *Rippengegend*, 27 *Bauch*, 28 *Flanke*, 29 *Kniegelenkspartie*, 30 *Unterschenkel*, 31 *Sprunggelenk*, 32 *Gesäßpunkt*, 33 *Schweif*, 34 *Hüfte*, 35 *Kruppe*, 36 *Sitzbeingegend*, 37 *Lenden*, 38 *Rücken*, 39 *Widerrist*

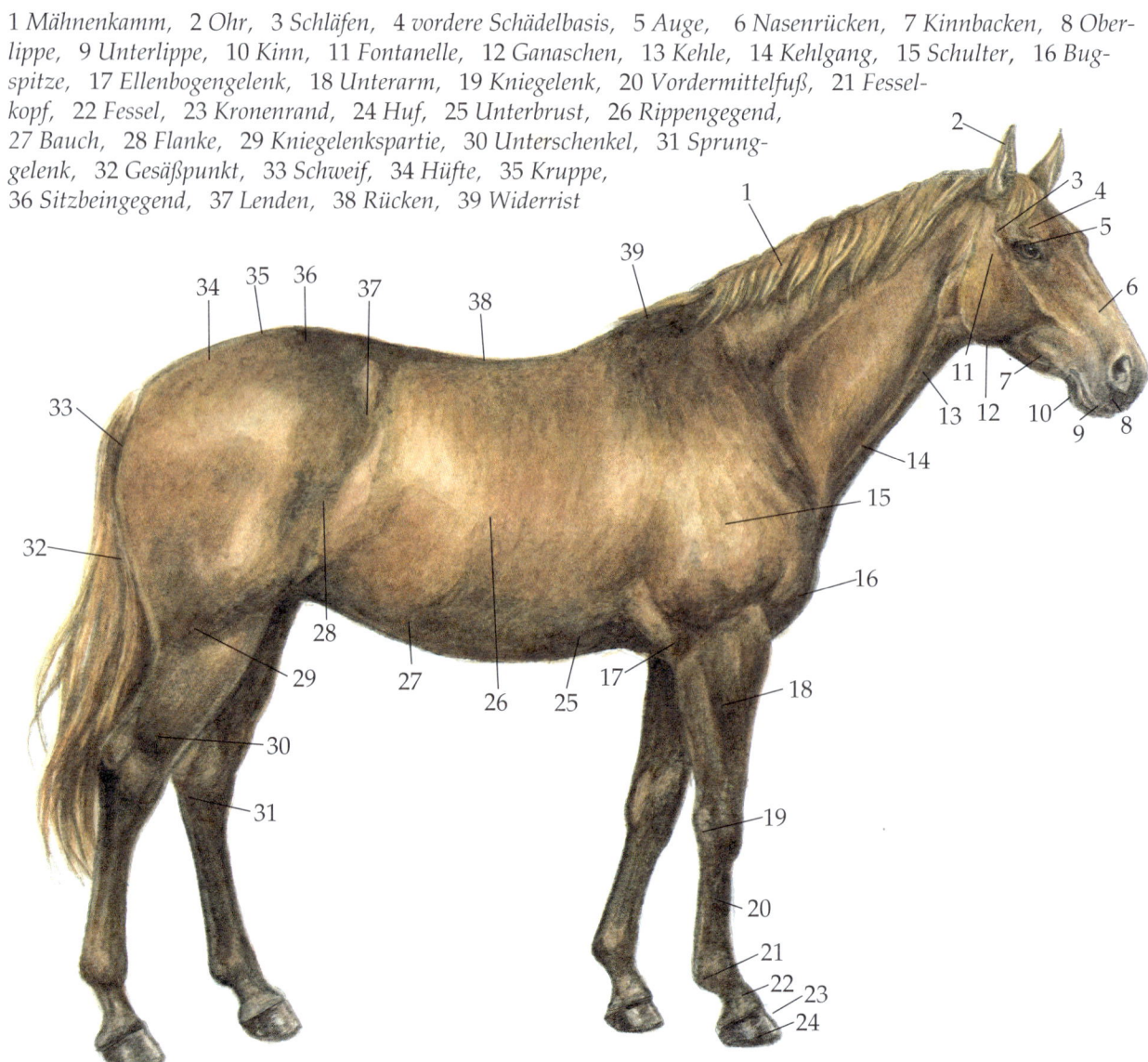

Der Hals geht in den vorderen Abschnitt der Wirbelsäule, den Widerrist, über. Ist der Widerrist hoch, breit und lang gezogen, stützt er die Rückenmuskeln. Das bedeutet eine hohe Tragfähigkeit und meist auch eine sehr gute Sattellage.

Die Form der Brust ist bei den Rassen unterschiedlich. Grundsätzlich sollte sie genügend Ausdehnung haben, damit Herz und Lunge nicht eingezwängt werden.

Als sehr ungünstige Brustformen gelten die „Habichts-" und die „Hahnenbrust". Bei der Habichtsbrust tritt die Spitze des Brustbeines scharf hervor, bei der Hahnenbrust ist die Vorderbrust vorgewölbt. Davon betroffene Pferde sind zum Beispiel als Zug- oder Kutschpferde nicht geeignet.

An den Widerrist schließt sich der Rücken an. Ein sehr langer Rücken kann in späteren Jahren – besonders bei Zuchtstuten – zum Senkrücken führen, wobei sich der Rücken nach unten wölbt. Dabei entsteht eine Wirbelsäulenverkrümmung, genauso wie beim so genannten „Karpfenrücken"; hierbei ist die Rückenlinie nach oben gewölbt.

Manche Pferde sind zu dick oder zu dünn. Beides ist von Nachteil. Ein Hängebauch belastet Herz und Kreislauf sowie Beine und Hufe. Ist das Pferd übermäßig schlank, frisst es nicht gut oder ist übernervös.

Den Körperteil zwischen der letzten Rippe und dem Becken nennt man „Flanke". Zeigt sich hier eine „Hungergrube", ist das Tier ein schlechter Futterverwerter.

Die Stellung der Vorder- und Hinterbeine beeinflusst das Gleichgewicht des Pferdes und seine Gangarten. Außerdem können bei einer Fehlstellung die Sehnen und Gelenke übermäßig belastet werden.

Ein Pferd ohne „Fehler" gibt es nicht. Hauptüberlegung sollte sein: Was will ich mit meinem Pferd machen? Der gewünschte Zweck bestimmt die Auswahl des „Traumpferdes"!

Pferdeliebe

Es gibt eine Zeitspanne, in der sich die Stuten Annäherungsversuche der Hengste gern gefallen lassen und sich von ihnen decken lassen. Im Sprachgebrauch heißt es, die Stute ist „rossig". Hengste dagegen sind unabhängig von einem Zyklus und jederzeit „deckfähig".

Die Natur hat es so eingerichtet, dass die Stuten normalerweise im Frühjahr oder Sommer tragend werden, also etwa von April bis September. Das ist deshalb sinnvoll, weil die Trächtigkeit bei Pferden elf Monate dauert. So fällt die Geburt eines Fohlens in eine Jahreszeit, in der schon öfter die Sonne scheint und ausreichend Futter zur Verfügung steht.

Am natürlichsten findet Pferdeliebe draußen auf einer Weide statt, wo in einer Herde ein Hengst mit mehreren Stuten zusammenlebt. Da die Rosse der Stuten bis zu zehn Tage dauert, ist das Liebesspiel zwischen Hengst und Stuten sehr ausgedehnt. Der Hengst liebkost lange die Stute, ehe er sie deckt.

Heute wird auf dieses natürliche Verhalten der Pferde nur selten Rücksicht genommen. Meist kommen die Stuten in einen so genannten Deckstand. Dabei sind ihre Hinterbeine gefesselt, damit sie den Hengst nicht abwehren und vielleicht verletzen können. Der Hengst wird von hinten an die Stute herangeführt, und in wenigen Minuten ist alles vorbei. Von Pferdeliebe kann hier keine Rede sein! Dann sollte schon eher eine künstliche Besamung vorgenommen werden.

Stuten werden in der Regel im Alter ab drei Jahren gedeckt. Die trächtigen Stuten können bis einen Monat vor dem Abfohltermin leicht geritten und gefahren werden. Das ist eine Art „Schwangerschaftsgymnastik" und hält die Tiere fit.

Ein Fohlen kommt zur Welt

Ein paar Tage vor dem Abfohlen schwillt das Euter der Stute an, danach die Umgebung der Scheide. Kurz vor der Geburt zeigen sich Harztropfen an den Zitzen des Euters.

Bis kurz vor der Niederkunft grast die Stute weiter. Unmittelbar vor der Geburt sieht sie sich um und schaut zu ihren Flanken. Dann kommt normalerweise das Fohlen recht schnell zur Welt.

Pferde, die richtig gehalten werden, brauchen meist keine Hilfe. Menschen stören in dieser Situation nur.

Meist bringt die Stute das Fohlen stehend zur Welt. Danach beriecht sie ihr Junges und leckt es ab. Das Lecken hat zwei Gründe: Zum Ersten trocknet es das Fell, und der Kreislauf des Fohlens wird angeregt. Zweitens erkennen sich Mutter und Kind an Geschmack und Geruch.

Kurz nach der Geburt versucht das Fohlen aufzustehen. Das klappt meist nicht auf Anhieb. Die Beine sind noch ziemlich wacklig, und es fällt öfter um. Schließlich steht das Fohlen und schwankt unsicher zur Mutter, um das Euter zu suchen. Das kann einige Zeit dauern.

Es ist wichtig, dass das Fohlen möglichst schnell bei der Mutter trinkt. Die erste Milch enthält alle Stoffe, um das Pferdebaby gegen Krankheiten zu schützen.

Das Fohlen „spielt" zunächst ein wenig mit den Zitzen des Euters, damit die Milch in das Euter einschießt. Kurze Zeit später ist es dann so weit, und das Fohlen trinkt.

Etwa eine Stunde nach der Geburt kann das Pferdebaby neben seiner Mutter herlaufen. Wir Menschen brauchen dafür ungefähr ein Jahr! In den ersten Tagen sind Mutter und Fohlen stets nah beieinander. Das Fohlen folgt der Stute auf Schritt und Tritt. Auch in der Folgezeit bleiben Mutter und Kind zusammen.

Normalerweise lässt die Stute nach etwa neun Monaten ihr Fohlen nicht mehr am Euter saugen, es sei denn, es herrscht Futterknappheit. Bleiben die beiden Pferde zusammen, werden sie immer eine besondere Freundschaft füreinander empfinden.

Die Seele der Pferde

Pferde haben Gefühle

Pflanzen, die liebevoll behandelt werden und mit denen man spricht, wachsen besser und sind gesünder. Sie fühlen sich wohl und zeigen das auch. Das Gleiche gilt für Tiere. Jedes Lebewesen hat eine „Seele" und damit eine Vielzahl von Gefühlen.

So auch die Pferde. Zufriedene Tiere brauchen nicht nur Auslauf, Gras und Hafer, sondern auch Kontakt mit ihren Artgenossen und Zuwendung von den Menschen. Nur so werden sie heimisch in Stall und auf der Weide und zeigen die ganze Palette ihrer Gefühle. Sie fühlen sich sicher, sind selbstbewusst, gelassen, anhänglich und zugänglich. Natürlich haben sie auch Launen: Sie sind eifersüchtig, beleidigt oder ganz einfach sauer, stur und abweisend. Aber das kommt relativ selten vor.

Einzeln gehaltene Pferde hingegen leiden dauernd unter ihrer Einsamkeit. Meist stehen sie tagein, tagaus in Ställen mit Käfigboxen ohne Kontaktmöglichkeiten zu anderen Tieren oder allein auf einer Wiese. Haben die Besitzer zudem noch wenig oder kaum Zeit, verkümmern die Tiere seelisch. Sie stehen teilnahmslos und stumpfsinnig in ihrer Box oder „weben", das heißt, sie schaukeln vor Langeweile stundenlang mit dem Oberkörper hin und her. Auf der Weide laufen sie rastlos am Zaun auf und ab, ähnlich wie Raubtiere, die im Käfig an den Gitterstäben „entlangtigern". So gehaltene Pferde „trauern" und sind unglücklich.

Diese Art der Pferdehaltung ist leider nicht die Ausnahme. Viele Menschen benutzen das Pferd wie ein Sportgerät, das sie im Stall abstellen und nur bei Bedarf hervorholen. Beim Reiten wundern sie sich über das unausgeglichene oder widerspenstige Tier.

Der bekannte Springreiter Hans Günter Winkler sagte einmal: „Es ist ja auch erstaunlich, wenn man sieht, wie die Masse der Pferde sich die Drangsaliererei und unsachgemäße Behandlung gefallen lässt. Normalerweise müsste man annehmen, dass diese Pferde hinter sich packen würden, den Reiter runterzerren und einmal drauftreten, mehr hätten – also ich muss es leider sagen – die meisten nicht verdient!"

Andererseits darf man nicht in den Fehler verfallen, ein Tier zu vermenschlichen. Das Pferd ist ein Pferd. Es „denkt", lebt und verhält sich anders als ein Mensch.

Das müssen wir wissen, darauf Rücksicht nehmen und das Pferd als Lebewesen respektieren. Nur so entwickeln sich Gefühle füreinander.

Sind Pferde intelligent?

Der Mensch hält nur diejenigen Tiere für intelligent, die schnell lernen, was er von ihnen verlangt. Die anderen Tiere gelten als „schwer von Begriff", dumm oder uninteressant.

Sich selbst hält der Mensch allerdings für intelligent und allen Tieren weit überlegen. Kein Wunder, dass er bei dieser Überheblichkeit die Fähigkeiten von Tieren und Pflanzen übersieht oder gar nicht wahrnimmt. Jedes Tier und jede Pflanze hat die Intelligenz, die es für seine Lebensweise im Einklang mit der Natur braucht.

Die Fähigkeit des Menschen, zum Beispiel rechnen, lesen und schreiben zu können, ist für Tiere völlig sinnlos. Sie müssen sich der Natur und veränderten Umweltbedingungen anpassen, ihre

Erfahrungen speichern und sie bei Bedarf anwenden.

Viele Reiter und Pferdebesitzer merken meist ziemlich schnell, dass ihre Tiere nicht dumm sind. Denn Pferde sind gute Menschenkenner. Sie lernen rasch, Menschen zu durchschauen, zu beurteilen und einzuschätzen, und sie kennen genau deren Schwächen.

Die Pferdesprache

Pferde sprechen nicht wie Menschen, deshalb brauchen sie und wir Hilfsmittel, um uns miteinander zu verständigen.

Das können beim Pferd Laute sein wie Schnauben oder Wiehern, Berührungen wie Nasereiben oder Mit-dem-Kopf-Stupsen, Gesten wie Ohrenanlegen, was so viel heißt wie „Hau ab!" oder „Sei vorsichtig, ich hab schlechte Laune!", und Posen wie Das-Hinterteil-Zudrehen, was mit „Lass mich jetzt in Ruhe, sonst trete ich!" übersetzt werden kann. Auch Interesse und Desinteresse, Aufeinanderzugehen oder Weglaufen sind eindeutige Aussagen.

Wir Menschen setzen unsere Sprache bei Pferden sehr verschieden ein: Wir sprechen, laut oder leise, drohend oder zärtlich, wir schimpfen oder loben. Wir nehmen auch die Hände zu Hilfe: beim Streicheln, Klopfen, Drohen oder Strafen.

Mensch und Pferd senden also Signale aus, die der jeweils andere wahrnehmen und verstehen soll. Wenn das nicht klappt, fangen die Missverständnisse an.

Um mehr über die Pferdesprache zu erfahren, muss zunächst untersucht werden, wie Pferde untereinander Nachrichten austauschen.

Ein Verständigungsmittel ist der Geruchssinn. Nase und Nüstern sind mit vielen Tasthaaren versehen, die schnell Botschaften ins Gehirn „funken". Durch das Blähen der Nüstern wird die Luft auf mögliche Duftstoffe untersucht. Eine noch genauere Methode ist das Flehmen. Dabei wird die Oberlippe hochgerollt, und die Luft strömt in die Mundhöhle zu den Riechzellen.

Natürlich geben Pferde auch über ihre Schweiß- und Talgdrüsen den eigenen Körpergeruch ab. Kot und Urin werden regelmäßig auf der Weide mit der Nase „kontrolliert". Ebenso wird an Baumstämmen oder Pfählen geschnuppert, wo sich andere Pferde das Fell gejuckt und gerieben haben.

Sicher dienen all diese Informationen auch dazu, das eigene Revier abzustecken und zu überwachen.

Wenn Pferde sich mit Lippen und Zunge ablecken oder mit den Zähnen beknabbern, können sie sich „gut riechen", das heißt: Sie mögen sich. Sie begrüßen sich mit ausgestreckten Köpfen und aufgeblähten Nasenlöchern. Deshalb ist es sehr wichtig, dass im Stall Pferde nebeneinander stehen, die sich gut leiden können, und dass die Boxen nicht durch hohe Wände oder Gitterstäbe voneinander getrennt sind.

Passiert in der näheren Umgebung etwas für Pferde Aufregendes oder Interessantes, schnauben sie laut. Das heißt „Achtung!" und drückt sich auch in einer angespannten Körperhaltung mit erhobenem Kopf und aufgestelltem Schweif aus.

Andere Pferdelaute sind das Wiehern als Rufen oder Antworten und das entspannte Grunzen beim Wälzen auf der Erde. Dabei hat jedes Pferd eine eigene unverwechselbare „Sprache", deren Klang sich ändert und die auf die jeweilige Stimmung hinweist, zum Beispiel „hellwach" oder „schläfrig".

Sicher verständigen sich Pferde untereinander auch lautlos durch die Zeichensprache des Körpers. Schon das Spiel der Ohren oder das Schlagen mit dem Schweif reicht

Aufmerksamkeit

Gleichgültigkeit

Angst

Aggressivität

Unterwürfigkeit

aus, um Nachrichten zu übermitteln. Pferde „reden" also anders miteinander als Menschen, und sie reagieren besonders empfindlich auf Spannungen, die sozusagen „in der Luft" liegen. Bei undurchsichtigen oder unbekannten Situationen ist das Pferd sofort fluchtbereit. Darauf sind alle Sinne und Verständigungsmittel ausgerichtet.

All dies muss der Mensch beachten, denn oft überträgt sich die eigene Unsicherheit oder Angst auf das Pferd.

Auffällig ist, dass viele Pferde unsere Sprache besser verstehen als umgekehrt und dass sie auf viele Wörter reagieren. Sie hören auf Kommandos wie „Komm!" oder „Steh!", „Trab!" oder „Galopp!". Daran sehen wir, dass das Pferd im Grunde dem Menschen sehr freundlich gesinnt ist und sich bei gutem Verständnis schnell Vertrauen und eine Partnerschaft entwickeln können. Wir müssen uns nur die Mühe machen, das Pferd verstehen zu lernen.

Marina und Manou

Marina sitzt in ihrem Zimmer und macht Schulaufgaben. Die Textaufgabe liest sie nun schon zum vierten Mal und kapiert trotzdem nicht, um was es eigentlich geht. „Vier Maurer brauchen ...", murmelt sie vor sich hin. „Ach, Mist!" Wütend klappt sie das Matheheft zu, springt auf und öffnet ihre Zimmertür, um ja nicht das Klingeln des Telefons zu überhören. Gestern Abend hatte Herr Jansen angerufen und gesagt: „Morgen Nachmittag kommt dein Pferd. Ich rufe dich dann an."

Marina schaut auf ihre Armbanduhr. Schon halb vier – hoffentlich ist nichts dazwischengekommen! Sie geht unruhig im Zimmer auf und ab. Plötzlich schrillt das Telefon. Schnell wie der Blitz ist sie im Flur und hebt den Hörer ab. „Ja!", ruft sie atemlos.

„Hier Jansen", sagt die Stimme am anderen Ende. „Du kannst dich langsam auf den Weg machen. Dein Pferd wird gebracht, aber du kannst dir Zeit lassen."

Ehe Herr Jansen noch ein Wort sagen kann, hat Marina schon den Hörer aufgeknallt und stürmt ins Wohnzimmer. „Ich muss sofort los!", ruft sie ihrer Mutter zu.

„Hast du denn deine Hausaufgaben fertig?"

„Klar!", schwindelt Marina, schnappt sich die Jacke von der Garderobe und saust die Treppe hinunter.

Vorm Haus steht schon ihr Fahrrad startbereit. Auf dem Gepäckträger klemmt eine Tüte mit Möhren – das Begrüßungsgeschenk für Manou.

Marina radelt los. Auf dem Weg kommt sie an einer Weide vorbei, auf der zwei Ponys grasen. Einen Augenblick zögert Marina, dann hält sie an und lehnt das Rad an einen Baum. Sie reißt die Tüte auf und nimmt zwei Möhren heraus. Dann geht sie an den Zaun. Die Ponys kommen neugierig näher. „Hier, zur

Feier des Tages für jeden eine Mohrrübe", sagt sie. „Mein Pferd kommt nämlich heute. Gut, was? Deshalb hab ich's eilig." Sie schwingt sich wieder aufs Rad und fährt weiter.

Zehn Minuten später hat sie den Hof von Bauer Jansen erreicht. Keiner ist zu sehen. Sie geht zum Stall. Dort hört sie eine Stimme.

Herr Jansen spricht mit den Pferden. Als er Marina sieht, sagt er: „Da bist du ja." Er zeigt mit dem Kopf zur hinteren Box.

„Manou!", ruft Marina, läuft den Stallgang entlang, öffnet die Boxentür und fällt ihrem Pferd um den Hals. Nach dem ersten Jubel sagt Marina: „Er freut sich ja gar nicht."

Herr Jansen muss lachen. „Ich glaube, so stürmische Begrüßungen mögen Pferde nicht." Als er Marinas enttäuschtes Gesicht sieht, meint er: „Das ist mir auch schon passiert. Ich war mal zwei Monate weg, und als ich wiederkam, führte mein erster Gang zur Weide. Aber meine Pferde haben kaum Notiz von mir genommen. Sie schnupperten nur kurz, als wollten sie sagen: ‚Na, da bist du ja wieder.' Die sind nicht wie Hunde, die vor Freude mit dem Schwanz wedeln."

„Vielleicht mag er mich auch gar nicht?", überlegt Marina.

„Unsinn!", sagt Herr Jansen. „Der findet erst mal die beiden anderen Pferde viel interessanter. Das ist doch ganz natürlich."

„Wahrscheinlich haben Sie Recht", gibt Marina zu. Dann schlägt sie die Hand vor den Kopf. „Ich hab ja ganz vergessen, dass ich ein Begrüßungsgeschenk mitgebracht habe."

Sie läuft auf den Hof und holt die Tüte mit Möhren. Als sie die Pferde füttert, sagt Herr Jansen: „Wir lassen sie bis morgen alle zusammen hier im Stall, zum Kennenlernen und Beschnuppern. Dann geht's auf die Weide."

„Hoffentlich vertragen sie sich einigermaßen", meint Marina.

„Ein bisschen Treten und Beißen ist völlig normal. Aber wir

passen schon auf, dass sie es nicht übertreiben." Er macht eine kleine Pause und sagt dann: „Du könntest ein Halfter nehmen und dein Pferd ein wenig herumführen, damit es sein neues Zuhause kennen lernt."

Das lässt sich Marina nicht zweimal sagen. Die beiden verschwinden aus dem Stall, und Herr Jansen klettert auf den Heuboden, um Futter herunterzuwerfen. Als er wieder nach unten kommt, hört er draußen Marina brüllen: „Bleib stehen! Komm zurück!" Herr Jansen läuft auf den Hof.

Manou hat sich losgerissen. Er steht hinter der Scheune und zupft an einigen Grasbüscheln. Immer wenn Marina ihm zu nahe kommt, läuft er schnell ein Stück weiter.

Herr Jansen geht zu Marina. „Hier, nimm das." Er kramt ein Pferde-Leckerli aus der Tasche. „Lock ihn damit, und schimpf nicht mit ihm. Tu einfach so, als wäre das gar nicht passiert!" Marina geht langsam auf Manou zu. Der schaut interessiert, bleibt stehen und frisst aus der ausgestreckten Hand. Schnell schnappt Marina den Strick.

„Er wollte nur mal gucken, ob er dich ärgern kann." Herr Jansen grinst.

„Das hat er auch!", schimpft Marina.

„Klar, du darfst es ihm nur nicht zeigen. Sonst freut er sich, dass es geklappt hat, und probiert es nächstes Mal gleich wieder."

„Ganz schön schwierig." Marina verzieht das Gesicht und führt ihr Pferd wieder in den Stall.

„Nur am Anfang." Herr Jansen legt ihr beruhigend die Hand auf die Schulter. „Du wirst das alles noch lernen. Ich habe am Anfang fast alles falsch gemacht. Vor allen Dingen muss man mit dem Strafen vorsichtig sein. Ein Pferd verliert sonst schnell das Vertrauen zum Menschen. Man muss es auf sanfte Art dahin bringen, dass es gern macht, was man von ihm verlangt. Das ist das ganze Geheimnis." Herr Jansen lächelt. „Wenn du erst so weit bist, dann bist du genauso ein Schlitzohr wie dein Manou!"

„Wieso sagen Sie eigentlich immer Schlitzohr zu ihm?", fragt Marina fast etwas ärgerlich.

Herr Jansen lächelt immer noch. „Weil er's faustdick hinter den

Ohren hat und wir aufpassen müssen, dass wir ihm sagen, was Sache ist, und nicht umgekehrt! Er ist nämlich nicht besonders gut erzogen und ein bisschen verwöhnt, würde ich sagen."

„Was machen wir da?" Marina guckt ratlos.

„Wenn er sich eingewöhnt hat und sich alle auf der Weide miteinander vertragen, fangen wir mit den Schulaufgaben an. Denn auch Pferde müssen was lernen. Ich nenne das immer die ‚Grundschule'."

Marina nickt. „Das hatte ich mir einfacher vorgestellt."

Herr Jansen gabelt das Heu in die Boxen. „Sei froh, dass Manou so ein munterer Bursche ist", sagt er. „Das muss alles nur in die richtige Bahn gelenkt werden. Außerdem macht so eine Arbeit einen Riesenspaß. Das wirst du schnell merken, und du lernst dabei eine Menge über Pferde."

Marina klettert in die Boxen und zuselt das Heu auseinander. Draußen fährt ein Auto auf den Hof.

„Oh, das sind bestimmt meine Eltern und Micha", ruft Marina.

Herr Jansen geht zur Stalltür und begrüßt die drei.

„Wir gehören zu Marina", stellt Vater die Familie vor.

„Kommt mit in den Stall. Da steht er." Marina ist ungeduldig.

„Mensch, ist der dick! Ein richtiger Ackergaul", lästert Micha.

Marina streckt ihm die Zunge raus. „Guck doch mal selber in den Spiegel!"

„Lasst den Blödsinn", sagt Mutter. Sie schaut vorsichtig in die Box. „Pferde sind mir irgendwie unheimlich. Ich hab immer ein bisschen Angst vor ihnen."

„Sie müssen sich mal draufsetzen. Das ist ein wunderbares Gefühl", sagt Herr Jansen.

„Um Gottes willen!" Mutter wehrt entsetzt ab.

Und Vater sagt lächelnd: „Mit Pferden haben wir eigentlich so gut wie nichts zu tun. Marina ist die einzige Pferdenärrin in der Familie."

„Die hat doch den absoluten Pferdetick", murmelt Micha.

„Soll ich Ihnen den Hof zeigen?", fragt Herr Jansen.

„Oh ja, gern!", stimmt Mutter zu.

Auf dem Rundgang nimmt Vater Herrn Jansen kurz zur Seite. „Marina hat zwar erst in zwei Monaten Geburtstag, aber ich möchte ihr Geschenk schon jetzt kaufen. Sie braucht ja einen Sattel und so. Ich kenne mich da nicht aus, aber Sie wissen doch sicher, wo ich das bekommen kann?"

Herr Jansen nickt. „Ich schlage vor, dass Sie ihr einen guten gebrauchten Sattel kaufen. Ich kenne einen Sattler, der hat eigentlich immer so was vorrätig. Den rufe ich mal an und sage Ihnen dann Bescheid, einverstanden?"

„Danke", sagt Vater.

Dann haben sie die Besichtigung beendet. Herr Jansen will

Familie Bergmann noch ins Haus einladen, aber Vater wehrt ab: „Das ist sehr nett. Aber ich bin noch mit einem Bekannten verabredet. Ein andermal gern."

Mutter wendet sich an Marina und sagt: „Bleib nicht mehr so lange, dass du noch vorm Dunkelwerden zu Hause bist."

Als das Auto vom Hof fährt, fragt Marina: „Soll ich noch im Stall helfen?"

„Fahr nur nach Hause", antwortet Herr Jansen. „Morgen Nachmittag lassen wir die drei auf die Weide. Dann kannst du Manous Box ausmisten."

Marina nimmt ihr Fahrrad und steigt auf. „Darf ich morgen eine Freundin mitbringen?", ruft sie im Wegfahren.

„Natürlich." Herr Jansen winkt ihr hinterher.

Am nächsten Tag ist auf der Weide der Teufel los. Die drei Pferde toben wild umher. Wenn Manou Lara zu nahe kommt, quietscht sie laut und tritt nach vorne. Manou stürmt davon und schlägt mit den Hinterbeinen aus. Max läuft dauernd zwischen die beiden und versucht, Manou abzudrängen.

Herr Jansen lehnt mit Marina und ihrer Freundin Carola am Weidezaun. „Max ist eifersüchtig", erklärt er.

Es klatscht laut, als Max Manou vor die breite Brust tritt.

„Oh weh!", schreit Carola.

Marina kneift die Augen zusammen und beißt sich auf die Lippen.

„Halb so schlimm", winkt Herr Jansen ab.

Manou scheint das überhaupt nichts auszumachen. Dann jagen sich die Pferde ein paar Runden quer über die Wiese. Die Mähnen fliegen im Wind, und die Hufe donnern über den Boden.

„Toll, was? Wie die laufen können", freut sich Herr Jansen.

Den beiden Mädchen ist das Ganze aber nicht geheuer.

Dann legen die drei Pferde eine kurze Pause ein und zupfen ein bisschen am Gras. Plötzlich geht die wilde Jagd von vorn los.

„Das Schlimmste ist schon vorbei", sagt Herr Jansen.

„Stimmt das auch", fragt Marina, „oder sagen Sie das bloß?"

„Ehrlich." Herr Jansen lächelt. „Den Rest regeln die schon allein. Ihr könnt jetzt ruhig die Box ausmisten gehen. Danach gucken wir noch einmal nach dem Rechten."

Eine Stunde später grasen die Pferde. Manou steht etwas abseits. Kommt er Lara zu nahe, stürzt Max auf ihn zu und schnappt nach seinem Hals.

„Wichtig ist nur, dass sie genügend Platz haben. Dann können sie ausweichen oder auch mal abhauen. Aber die verstehen sich schon ganz prima." Herr Jansen ist zufrieden. „Heute Abend schaue ich noch mal nach, ob vielleicht einer was abbekommen hat. In einer Woche werden alle drei Nase an Nase auf der Weide grasen. Da gehe ich jede Wette ein!"

Pferdealltag: auf der Weide und im Stall

Die Weide

Fast alle Pferde leben in Abhängigkeit vom Menschen. Der Mensch teilt ihnen Stall und Weide zu und bestimmt, wann geritten oder gearbeitet wird. Der Lebensrhythmus des Pferdes wird nur noch zum Teil vom eigenen Instinkt, von der Herde, vom Wetter und vom Suchen nach Futter geprägt. Deshalb sollten wir den Pferden einen Lebensraum bieten, der ihrem natürlichen ähnelt und auf ihre Bedürfnisse weitgehend Rücksicht nimmt.

Das Pferd ist ein Lauftier, fast immer in Bewegung und gehört deshalb nach draußen. Körper und Innenorgane sind auf den Aufenthalt im Freien ausgerichtet: Hitze, Kälte, Temperaturschwankungen und Regen machen dem Pferd nichts aus. Pferde fühlen sich nur in Tiergesellschaft richtig wohl: Schon zwei Pferde bilden eine Mini-Herde.

Bäume auf der Weide oder ein Unterstand bieten Windschutz und sind beliebte Ruheplätze besonders im Hochsommer, weil dort auch die Insektenplage geringer ist.

Eine unterschiedliche Bodenbeschaffenheit – zum Beispiel steiniger Boden um die Schutzhütte und feuchter an der Wasserstelle – ist günstig für die Pferdehufe.

Pferdeweiden sollten nicht mit Kunstdünger versorgt werden, weil dadurch nur wenige Grassorten vorherrschen und Kräuter meist fehlen. Eine geringe Düngung ist allerdings nötig, da durch das Abgrasen der Weide mehr Nährstoffe verloren gehen, als sie durch den Dung der Tiere zurückerhält.

Ein natürlicher und ausgewogener Dünger ist Mistkompost. Dazu wird Stallmist – auch von anderen Tieren – zum Beispiel mit Gesteinsmehl als Komposthaufen angesetzt und von Mistwürmern durchgearbeitet, bis er reif ist und auf die Wiese gestreut werden kann.

Auf solchen Weiden wachsen viele Grasarten und wichtige Kräuter, die den Pferden gut schmecken und reich an Mineralstoffen sind. Die ätherischen Öle der Kräuter fördern die Verdauung und beugen einer Mangelernährung und vielen Krankheiten vor.

Außerdem sehen Wiesen mit vielen Kräutern schön aus und bieten noch anderen Tierarten Nahrung.

Natürlich muss so eine Weide auch gepflegt werden, denn nicht alles schmeckt den Pferden. Oft denkt man, dass noch genug Futter auf einer Wiese steht. In Wirklichkeit sind es jedoch Gräser und Kräuter, die Pferde nicht mögen.

Nach der Weidesaison oder einem Weidewechsel müssen diese Reste abgemäht werden, ebenso Pflanzen, die überhand nehmen. Die Pferdeäpfel werden abgelesen oder auseinander gerecht und verteilt.

Im Frühjahr wird die Weide „abgeschleppt". Der Traktor oder auch das Pferd zieht dazu eine Egge, unter der stachelige Zweige befestigt sind, über das Land. Dabei bleiben altes Gras und Moos wie in einem Kamm hängen. Die Wiese bekommt Luft zum Wachsen.

Ein Problem für Pferde ist immer wieder die Mückenplage. Allein deswegen ist schon wichtig, dass Pferde zusammen auf der Weide stehen. Sie stellen sich so, dass sie sich gegenseitig mit dem Schweif die Fliegen vom Gesicht wegwedeln können. Eigentlich entwickeln die meisten Pferde selbst Abwehrstoffe gegen Stiche, aber manchmal nimmt die Plage einfach überhand. Dann kann man die Ohrmuscheln zum Beispiel mit einer fetten Creme einmal wöchentlich einschmie-

ren. Um die Augen zu schützen, wird frische Schafgarbe zerkaut und mit dem Saft die Augengegend bestrichen.

Gut ist, wenn ein Walnussbaum auf der Wiese steht. Das sind stechmückenfreie Zonen, weil diesen Insekten das Aroma der Blätter nicht gefällt.

Stehen Büsche und Bäume auf der Weide, werden die Tiere von Zecken befallen. In der Apotheke gibt es preisgünstig spezielle Zangen, mit denen die Zecken herausgedreht werden können, ohne dass der Kopf stecken bleibt.

Viele Pferdebesitzer haben die Schwierigkeit, dass ihre Wiesen gerade so reichen.

Normalerweise rechnet man pro Pony 5 000 und pro Großpferd 10 000 Quadratmeter Weidefläche. Ist der Boden fruchtbar, kann auch das Heu von dieser Fläche gewonnen werden. Bei knappem Futter wird die Wiese in „Portionen" aufgeteilt, das heißt, eine Ecke wird abgeweidet und dann ein Stück weitergesteckt. Dazu benutzt man meist Elektrozäune. Ideal ist diese Weideart nicht, denn Pferde möchten mehr Platz und Möglichkeiten, um ihr Futter auszusuchen.

Noch ein Wort zur Einzäunung: Stacheldraht ist ungeeignet für Pferdeweiden. Am besten sind Holzpfähle und Stangen in Verbindung mit einem Elektrozaun.

Vorsicht, giftig!

Viele sind davon überzeugt, dass ihr Pferd nur das frisst, was ihm auch bekommt. Grundsätzlich stimmt das, aber es gibt Ausnahmen.

Eine tödliche Gefahr ist die Eibe; sie wächst als Baum, häufiger als Hecke. Frisst ein Pferd eine Hand voll Eibenzweige und treten die ersten Vergiftungssymptome auf, ist es meist schon zu spät. Nach einer Stunde kommt es bereits zu Lähmungen an Schweif und Unterlippe. Das Pferd schwankt, hat Muskelkrämpfe und zittert. Schließlich versagt der Kreislauf, und das Pferd stirbt.

Auch die anderen hier gezeigten Pflanzen führen zu schweren Vergiftungen mit gesundheitlichen Schäden.

Goldregen

Eibe

Liguster

Herbstzeitlose

Maiglöckchen

Weiße Robinie

Buchsbaum

Tollkirsche

Roter
Fingerhut

Schierling

Schöllkraut

Oleander

Schwarzes
Bilsenkraut

Johanniskrautarten

Sonnwendflockenblume

Schachtelhalmarten

Das Futter

Auf der Weide verbringen Pferde etwa zwei Drittel des Tages, also 16 Stunden, mit Fressen. Es ist die Haupt- und Lieblingsbeschäftigung des Pferdes. Zwischendurch legt es kurze Ruhepausen ein.

Steht dem Pferd eine gute Weide zur Verfügung, frisst es neben Gras und Kräutern auch Zweige und Rinde von Bäumen. Als Pflanzenfresser nimmt es wenig Nährstoffe, aber viel Rohfaser, also Ballaststoffe, zu sich.

Das Pferd frisst langsam und bedächtig und wandert dabei stetig weiter. Es fasst das Gras mit den Lippen und rupft es ab. Die vorsichtige und ruhige Aufnahme des Futters und das gründliche Zermalmen mit den Backenzähnen sind Voraussetzungen für eine gute Verdauung.

Haben die Pferde eine abwechslungsreiche Nahrung, sind kaum Mangelerscheinungen oder Krankheiten zu befürchten. Auch im Stall oder bei der Winterfütterung ist zu beachten, dass dem Pferd genügend Raufutter wie Heu und Stroh gegeben wird, damit die Verdauungsorgane ausgelastet sind.

Zum Trinken von Wasser bevorzugen Pferde Tröge und Eimer, weil sie das Maul gern ins Wasser halten und schlürfen. Deshalb sind Selbsttränken mit Druckventilen nicht so gut geeignet.

Maisflocken

Hafer

Äpfel

Heu

Pellets

Kleie

103

Der Stall

Ideal ist der so genannte „Offenstall". Er wird so bezeichnet, weil die Pferde jederzeit und nach Belieben den Stall aufsuchen können. An den Stall schließt sich die Weide an. Nicht alle Pferdebesitzer verfügen über diese Möglichkeit. Oft ist es schwierig, für solche Ställe Baugenehmigungen zu erhalten.

Andere besitzen eine Scheune mit Ställen für Pferde. Die Boxen sollten mindestens 3 x 3 Meter groß und nicht vergittert sein, sodass sich die Pferde berühren können. Der tägliche Auslauf muss ebenfalls möglich sein. Auch im Winter brauchen Pferde ihre tägliche Bewegung.

Eine Stallhaltung, bei der die Tiere 23 Stunden am Tag hinter Gitterstäben eingesperrt sind, mit dem Nachbarn keinen Körperkontakt aufnehmen können und bestenfalls eine Stunde in der Halle oder im Gelände geritten werden, ist ein Pferdegefängnis!

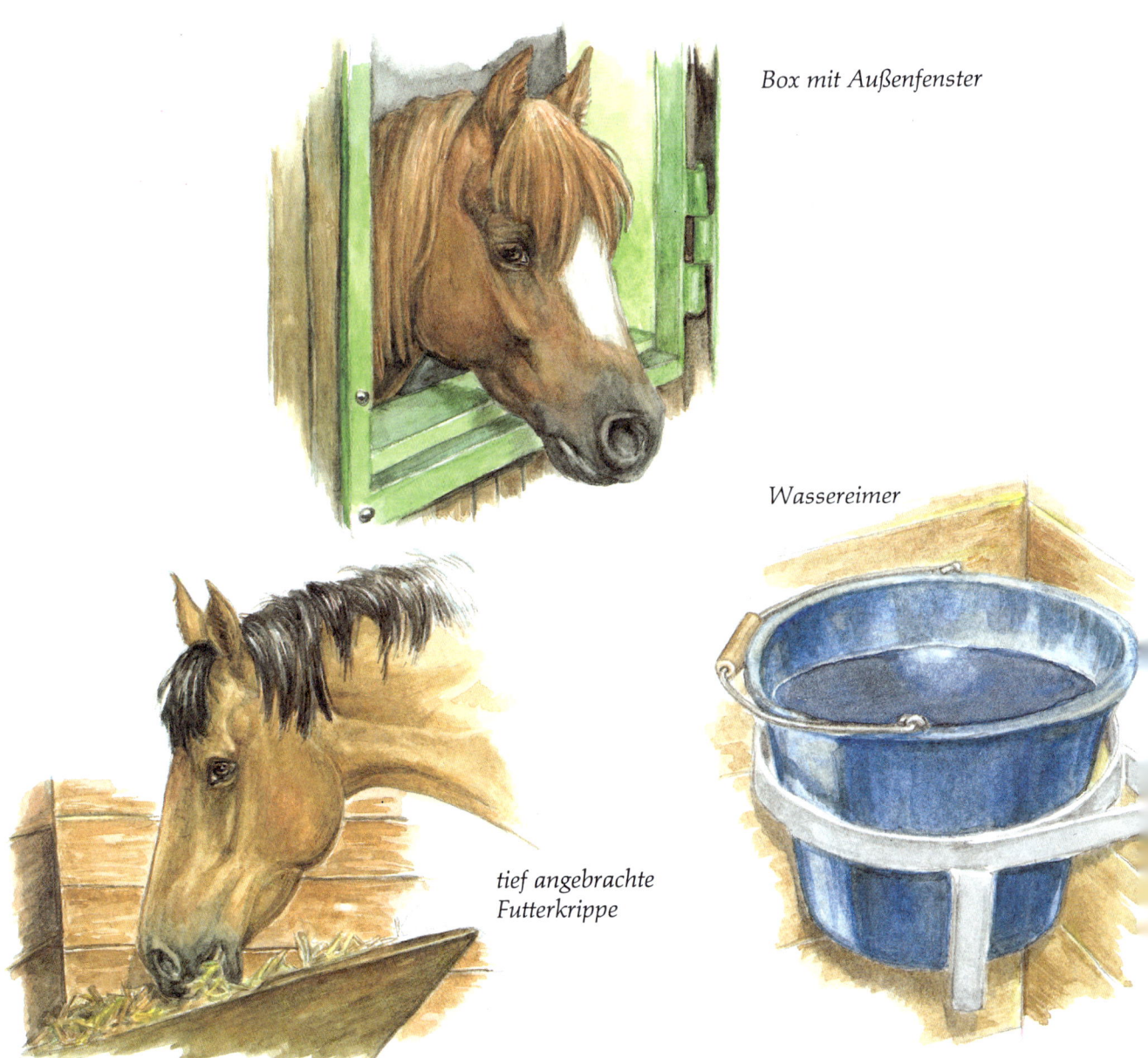

Box mit Außenfenster

Wassereimer

tief angebrachte Futterkrippe

1 Anbindering
2 Wasserhahn
3 geteilte
  Boxentür

1 Beleuchtung
2 Belüftung
3 Futterkrippe
4 Einstreu
5 Wassereimer
6 Befestigungsring
7 Salzleckstein
8 Jaucherinne

Der Jahreszeiten-Kalender

Pferde, die Offenstallhaltung gewöhnt sind oder jeden Tag in den Auslauf kommen, haben keine Schwierigkeiten mit dem Klimawechsel der Jahreszeiten.

Dabei stellt sich der Pferdekörper nicht nur äußerlich mit dünnem Fell im Sommer und dichtem Pelz im Winter auf Hitze oder Kälte ein. Auch der Kreislauf und die Schleimhäute der Atmungsorgane gewöhnen sich um.

Das geschieht am besten, wenn sich die Tiere so viel wie möglich im Freien aufhalten. Als besonders praktisch hat sich neben dem Auslauf am Stall eine „Winterweide" bewährt, auf der die Pferde auch im Schnee nach alten Gräsern suchen können und ausreichend Bewegung haben, sodass keine Langeweile aufkommt. Die Sommerweiden müssen jedoch im Winter geschont werden, damit sie „ausruhen", nachwachsen und die Wurmeier durch Frost möglichst vernichtet werden.

Jede Jahreszeit bringt auch spezielle Arbeiten rund ums Pferd mit sich.

Im Frühjahr

Wenn im März der Boden etwas abgetrocknet und wärmer ist, kann die Weide gedüngt werden. Trotz geringer Gaben von reifem Kompost kann die Weide nach einigen Jahren – besonders wenn sie nur von Pferden abgeweidet wird – „pferdemüde" werden und Mangelerscheinungen zeigen. Dann sollte eine Bodenuntersuchung gemacht werden: Man schickt eine Tüte mit Erde an ein Institut. Es stellt fest, welche Stoffe dem Boden fehlen. Gut für das Bodenleben ist auch das regelmäßige Ausbringen von

Gesteinsmehl. Größere Mengen erhält man in Basaltwerken, kleinere in Gartenfachgeschäften.

Bei günstiger Witterung werden die Holzzäune, Tore und Weidetränken kontrolliert, überholt oder erneuert.

Auch das Abschleppen der Weide steht an, damit altes verfilztes Gras ausgekämmt und der Boden durchlüftet wird. Gleichzeitig werden dadurch die zahlreichen Maulwurfshügel eingeebnet. Das ist besonders bei solchen Wiesen wichtig, auf denen später Heu geerntet wird. Es verhindert, dass Erde in das Schnittgut gerät.

Ende April, Anfang Mai beginnt die Weidesaison. Vorher sollten die Pferde einer Wurmkur unterzogen werden. Wer sich nicht sicher ist, ob dies vonnöten ist, kann beim Tierarzt oder Veterinäramt eine Kotprobe machen lassen.

Wenn die Pferde auch im Winter hin und wieder Grünzeug fressen, fällt die Umstellung von Heufütterung auf das frische Gras leichter. Trotzdem muss die Umgewöhnung schrittweise und langsam geschehen, weil sich die Verdauungsorgane umstellen müssen. Andernfalls können große Mengen des eiweißreichen Futters zu Koliken oder gar Hufrehe führen.

Die tägliche Kontrolle der Tiere und der Weide versteht sich für einen Pferdefreund von selbst. Ein Leckstein darf auch draußen nicht fehlen. Gerade im Frühjahr brauchen die Tiere Salz und Mineralien, weil sie das Fell wechseln.

Hat man mehrere Weiden zur Verfügung, sollte rechtzeitig umgetrieben werden, da das Gras jetzt am besten nachwächst. Die nicht abgefressenen Flächen werden gemäht.

Der Sommer

Der Sommer beginnt mit einem der wichtigsten Termine für Pferdebesitzer: der Heuernte. Manche haben genügend Wiesen und besitzen alle Geräte, die nötig sind, um in eigener Regie Heu zu machen. Die meisten werden aber auf die Hilfe eines Bauern angewiesen sein oder das Heu kaufen müssen.

Die Heuernte unterscheidet sich heute sehr stark von früheren Zeiten, als noch die ganze Familie mithelfen musste. Jetzt kann praktisch einer allein die gesamte Heuernte mit Hilfe moderner Maschinen bewältigen. Der Traktor treibt einen Kreiselmäher an, der das Gras schneidet. Ebenfalls mit dem Schlepper und speziellen Maschinen wird gewendet, geschwadet und schließlich das trockene Gras zu Ballen gepresst. Diese werden automatisch auf den angehängten Wagen geschleudert. Zu Hause bringt ein Förderband die Ballen auf den Heuboden.

Früher standen die Männer um vier Uhr morgens auf, wenn der Tau noch das Gras feucht hält, und mähten von der Hand mit Sensen. Dann kamen in der Mittagshitze die Frauen und älteren Kinder und wendeten mit Holzrechen. Die ganze Familie war auf den Beinen, und es wurde gleich auf der Wiese Picknick gemacht, weil es danach mit dem Wenden weiterging. Blieb das Wetter gut, konnte nach einigen Tagen harter Arbeit das lose Heu auf den Wagen gegabelt werden. Pferde oder Kühe zogen die Ernte nach Hause.

Später gab es Arbeitserleichterungen durch Mähbalken und Heuwender, vor die Pferde gespannt wurden.

Was jedoch unverändert geblieben ist: Die Heuernte ist vom Wetter abhängig. Regen verzögert die Trocknung und mindert die Qualität.

Die Heuqualität ist schon äußerlich festzustellen. Das getrocknete Gras soll blass-grünlich aussehen und angenehm duften. Wenn man ein Gebund aufschneidet, sieht man auch, ob Verunreinigungen oder gar Schimmelpilze durch unsachgemäßes Trocknen im Heu sind. Heu darf frühestens acht Wochen nach dem Einbringen verfüttert werden.

Im Juli und August hat die Mücken- und Bremsenplage ihren Höhepunkt. Den Pferden hilft zum Schutz ein schattiger, luftiger Unterstand oder Bäume wie Holunder und besonders Walnuss, die die Insekten wegen des Geruchs der Blätter nicht mögen. Beim Reiten hilft zum Schutz gegen die Insekten auch das Einreiben mit Mitteln, die zum Beispiel Zedernöl enthalten.

In der Sommerhitze bevorzugen Pferde Ruheplätze, die leicht erhöht liegen. Dort ist es kühler als in Senken und Mulden, und es gibt weniger Insekten. Außerdem bieten Anhöhen einen guten Überblick.

Oft dösen die Pferde im Stehen vor sich hin. Dabei sind die Ohren nach hinten gelegt, der Kopf hängt locker und entspannt nach vorn. Meist stehen sie einander so zugewandt, dass der Nachbar mit dem Schweif die Fliegen vom Kopf wegwedeln kann. Der Körper des Pferdes ist so gebaut, dass es auch im Stehen ausruhen kann. Nur wenn sich Pferde ganz sicher fühlen, legen sie sich auch mal hin und fallen für kurze Zeit in Tiefschlaf. Je älter die Tiere sind, desto seltener tun sie dies. Das hat mit dem Instinkt zu tun, so schnell wie möglich fluchtbereit zu sein.

In der Mittagshitze des Sommers legen Pferde oft größere Ruhepausen ein und gehen erst nachts auf Futtersuche.

Auch im Sommer muss die Weide gepflegt werden. Das verschmähte Gras muss gemäht werden sowie Pflanzen, die sich gerne auf den Wiesen ausbreiten. Während Brennnessel und Distel abgeschnitten und angewelkt ganz oder zumindest teil-

weise gefressen werden, ist der Ampfer keine Futterpflanze und vermehrt sich so, dass er zu einer Plage werden kann. An den Samenständen sitzen tausende von Körnern, deshalb muss er vor der Blüte möglichst ausgerissen werden. Das hält ihn allerdings nur im Zaum, da er sehr tiefe und weit verzweigte Wurzeln hat und immer wieder austreibt. Nimmt er überhand, muss man ihn tief abhacken und die Wurzelhälse mit einigen Löffeln Kalkstickstoff bestreuen.

Die Lederpflege von Trensen und Sätteln darf auch nicht zu kurz kommen. Gerade im Sommer wird das Leder leicht trocken, Schweiß und Staub verkleben die Unterseite und können zu Scheuerwunden führen, wo das Leder mit der Pferdehaut in Berührung kommt.

Falls das Heu der ersten Ernte nicht reicht, wird im August der zweite Schnitt fällig. Das so genannte Krummet ist sehr weich und sollte später, mit Stroh gemischt, verfüttert

werden. Auf das Trocknen des Schnittgutes muss besondere Sorgfalt gelegt werden, da das Gras kurz ist und in den schon länger werdenden Nächten vermehrt Tau das Krummet durchfeuchtet.

Nach dem Pressen sollten die Ballen auf dem Heuboden öfter kontrolliert werden. Die einfachste Methode besteht darin, die flache Hand in den Ballen zu schieben, um zu spüren, ob eine übermäßige Hitze im Inneren besteht. Ist man aber unsicher oder ist das Krummet sogar heiß, kann man sich bei der Feuerwehr eine Heusonde ausleihen. Das ist nichts anderes als ein Thermometer. Schwitztemperaturen bis 45 Grad sind völlig normal, klettert die Anzeige auf 50 Grad und mehr, kann sich das Krummet entzünden, und es besteht Brandgefahr. Hohe Temperaturen führen auch zu Schimmelpilzbildung, machen das Futter wertlos und verursachen bei Verzehr Koliken oder Husten.

Der Herbst

Langsam geht die Weidezeit dem Ende entgegen. Ende Oktober/Anfang November wird das Futter knapp. Ehe das Gras bis auf die Wurzeln abgenagt wird, sollte zugefüttert werden. Das hat außerdem den Vorteil, dass die Verdauung der Pferde sich langsam auf die Heufütterung umstellen kann. Auch saftige Beigaben von Äpfeln oder Rüben in Maßen ergänzen die Nahrung. Solange die Tiere auf der Weide sind, sollten jetzt täglich Zäune und Tore kontrolliert werden, da bei knappem Grünfutter jede Möglichkeit zum Ausbrechen genutzt wird.

Beim Füttern auf der Weide sollten die Pferde so gut erzogen sein, dass sie den Menschen, der ihnen Heu oder Hafer bringt, nicht bedrängen oder umrennen. Gegen Futterneid und Rangeleien helfen auch Fressstände am Unterstand oder getrennte Futterplätze.

Sollen auf der Weide Bäume oder Hecken gepflanzt werden, ist der Herbst die beste Zeit dazu.

Im Spätsommer kleben am Fell der Pferde, besonders an den Vorderbeinen, oft kleine gelbe Stäbchen. Was auf den ersten Blick wie Blütenstaub aussieht, sind in Wirklichkeit die Eier der Dasselfliege. Durch Ablecken der Körperteile gelangen sie in die Mundhöhle und dann in den Magen. Die unterdessen zu Larven entwickelten Dasseln haken sich in die Magenwand und schädigen die Innenorgane des Pferdes. Stellt man äußerlich den Befall fest, kratzt man mit einem scharfen Messer die Eier ab und vernichtet sie. Zur Sicherheit sollte Ende Oktober/Anfang November eine Wurmkur verabreicht werden, die auch gegen Dasselfliegen wirkt.

Der Herbst ist wie das Frühjahr eine herrliche Jahreszeit zum Reiten. Die Pferde werden nicht mehr so stark von Fliegen gepiesackt, und man kann gut über die abgemähten Wiesen galoppieren, sofern es nicht allzu nass ist und man keine Schäden verursacht. Vielleicht besteht auch die Möglichkeit, an einem Jagdritt teilzunehmen. Dazu sind natürlich Geländeerfahrung und eine gute Kondition des Pferdes Voraussetzung.

Im Herbst beginnt auch der Fellwechsel. Aus dem glatten Sommerfell wird langsam ein dichter Winterpelz. Am Beginn des Fellwechsels kann man feststellen, ob die Kälte früh oder erst später einsetzen wird.

Mit dickem Fell schwitzen die Pferde beim Ausritt schneller. Deshalb wird auf dem Rückweg die letzte Strecke im Schritt gegangen, damit sich das Pferd später auf der Weide nicht erkältet.

Im Winter

Im Winter ist oft folgendes Bild zu sehen: Pferde stehen schlammverschmiert und mit hängenden Köpfen in einem morastigen Auslauf, ihr Fell wirkt struppig und ungepflegt.

Viele Menschen schütteln bei diesem Anblick empört den Kopf und rufen nach dem Tierschutz. Sie sind der Meinung, ein Pferd müsse genau wie der Mensch im Winter eine warme und trockene Unterkunft haben. Doch sie vergessen dabei, dass Pferde andere Bedürfnisse haben als Menschen. Denn genau das Gegenteil ist der Fall: Tierquälerei liegt vor, wenn Pferde den ganzen Winter lang in überwärmte Ställe eingepfercht werden – der Grund für viele Atemwegserkrankungen.

Manchmal stehen Pferde in der Kälte und zucken mit den Muskeln. „Sie zittern vor Kälte", sagen dann manche und bedauern die „armen" Tiere. Wenigstens eine Wolldecke sollte das Tier bekommen! Auch hier ist „Mitleid" fehl am Platze. Tatsächlich zittert

sich das Pferd warm. Das ist eine tolle Sache: Das Pferd steht gemütlich im Windschatten und regelt ohne jede fremde Hilfe seine Körpertemperatur. Eine Decke kann in diesem Fall sogar schaden, weil sich dann die Deckhaare nicht richtig aufstellen können. Und die sorgen für eine schützende und wärmende Luftschicht im Fell.

Der nächste Einwand: Im Matsch faulen die Hufe! Und wenn die Erde friert, verletzt sich das Pferd die Füße!

Beides ist falsch. Matsch ist nichts anderes als nasse Erde, und darauf sind die Pferdehufe seit Jahrtausenden eingerichtet. Huffäule entsteht dagegen leicht bei Boxenhaltung, weil sich die Einstreu mit Urin und Mist voll saugt und diese Jauche den Hufstrahl angreift.

Auch Frost kann den Fesseln oder Hufkronen nichts anhaben, da die Beine beim Gehen senkrecht nach oben geführt werden.

Die Offenstallhaltung oder viel Auslauf im Winter ist also die beste Vorsorge für die Gesundheit der Pferde.

Heu und Stroh reichen als Winterfutter allein nicht aus. Es fehlen wichtige Vitamine und Mineralien. Zusätzlich wird – je nach Beanspruchung der Tiere – Hafer und/oder Kraftfutter, das als gepresste „Pellets" erhältlich ist, gefüttert. Dabei sollten Haferkörner und Pellets getrennt verabreicht werden. Untersuchungen haben nämlich ergeben, dass für beide Arten verschiedene Kaubewegungen nötig sind und somit bei gleichzeitiger Fütterung die Nährstoffe nicht voll verwertet und Teile der Nahrung unzerkaut geschluckt werden. Saftiges Futter wie Äpfel, Rüben und Möhren sind in Maßen eine gute Ergänzung. Ebenso Zweige und kleine Äste von Obstbäumen, Weiden, Fichten, Buchen oder Eichen. Das Abnagen der Rinde beschäftigt die Tiere und ist damit ein gutes Mittel gegen Langeweile.

Das große Gesundheits-ABC

Gute Lebensbedingungen und regelmäßige Kontrolle

Über Gesundheit oder Krankheit eines Pferdes entscheiden meist die Lebensbedingungen. Viele Krankheiten lassen sich durch gute Bedingungen vermeiden oder heilen.

Nur Pferde mit täglichem Auslauf können ihre Sinne, die Muskeln, den Blutkreislauf, Lungen und Gelenke ausreichend trainieren und die Abwehrkräfte gegen Infektionskrankheiten stärken.

Auch im Winter kann ein Auslauf für möglichst viel Bewegung und Abwechslung sorgen. Dazu wird das Gelände mit kleinen Hindernissen oder Tonnen bestückt, um die die Pferde herumlaufen können. Tränke und Futterplatz sind an entgegengesetzten Stellen.

Eine ebenso wichtige Gesundheitsvorsorge ist eine vielseitige und abwechslungsreiche Ernährung. Sprüche wie „Man ist, was man isst" oder „Unsere Nahrung soll unser Heilmittel sein, und unsere Heilmittel sollen unsere Nahrung sein" gelten für Tiere genauso wie für uns Menschen.

Eine Mangelernährung kann beim Pferd die verschiedensten Krankheiten auslösen, von Augenleiden bis zu Knochenweiche oder Muskelschwäche. Gefährlich daran ist, dass diese Fütterungsfehler sich oft nicht sofort, sondern erst nach Monaten oder Jahren bemerkbar machen.

Ähnliche Folgen hat auch eine einseitige Ernährung. Wir dürfen nicht vergessen, dass die vom Menschen als Haustiere gehaltenen Pferde nur noch Futter erhalten, das ihnen zugeteilt wird. Das gilt für den Stall genauso wie für die Weide.

In freier Wildbahn würde ein Pferd natürlich weder Heu noch Pellets oder Getreide und Rübenschnitzel zu sich nehmen. Diese Futtermittel schmecken zwar den Pferden, aber zu viel davon kann Verstopfungen, Koliken oder Hufrehe hervorrufen. Eine gesunde, abwechslungsreiche Ernährung ist also sehr wichtig.

Wenn der Mensch sich täglich um seinen Vierbeiner kümmert, wird er Veränderungen des Pferdes sofort wahrnehmen. Er kennt am besten das Wesen und Verhalten seines Pferdes. Ein Lahmen der Beine oder teilnahmsloses Herumstehen sind deutliche Hinweise auf Beschwerden, aber man sollte auch auf andere, weniger offensichtliche Anzeichen achten.

Die regelmäßige Kontrolle der Augen auf Rötung und Tränenfluss, der Nüstern auf Ausfluss, der Kaubewegungen und ein Blick für die normale Atmung sollten selbstverständlich sein.

Notfalls muss Fieber gemessen werden. Bis 38,5 Grad ist die Temperatur nicht erhöht.

Beim Streicheln und Kraulen spürt man automatisch, ob die Haut Ekzeme oder Flechten aufweist. Schmerzende Stellen bemerkt man ebenfalls.

Ist der Schweif zerfranst vom Jucken, können Würmer die Ursache sein. Sind die Hufe in Ordnung oder ausgebrochen, klemmen Steinchen in Strahl oder Eckstreben?

Haben die Beine blutende Kratzer oder Verletzungen? Sind Schwellungen zu sehen?

Frisst und trinkt das Pferd normal? Ist der Kot dünnflüssig, oder liegt eine Verstopfung vor? Wird Urin gelassen, oder hat das Pferd Schwierigkeiten dabei?

Diese Kontrollen gehen einem nach kurzer Zeit in Fleisch und Blut über, und man merkt auf Anhieb, ob alles in Ordnung ist.

Husten

Satteldruck

Ohrengeschwulst

einseitige Lähmung
des Gesichts

Von Husten und Dämpfigkeit: die Atmungsorgane

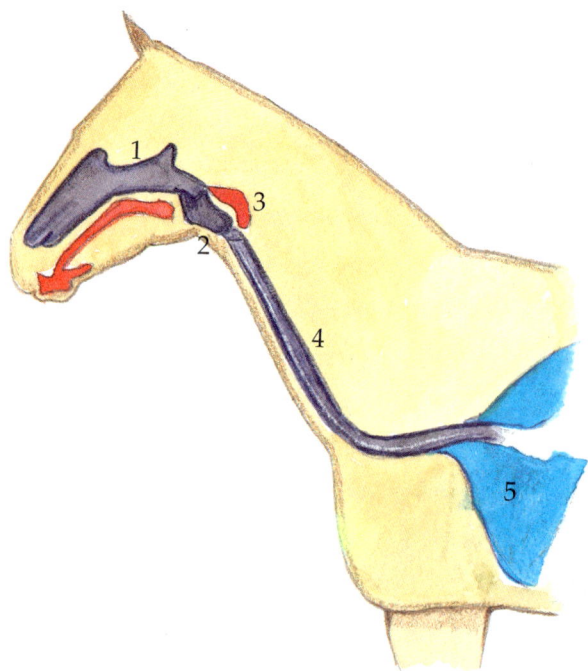

1 Nasenhöhle
2 Schlingrachen, Durchgang durch Kehlkopf in
  Atemstellung unterbrochen
3 Kehlkopf in Atemstellung
4 Luftröhre
5 Lunge

Während Pferde in Offenstallhaltung oder mit täglichem Auslauf kaum Erkältungskrankheiten kennen, ist das Stallklima in den Boxen Gift für die Schleimhäute und Lungen der eingesperrten Pferde. Dort spüren sie kaum die Temperaturschwankungen von Tag und Nacht sowie Witterungseinflüsse, es herrscht eine hohe Luftfeuchtigkeit, und die Ammoniakdämpfe von Kot und Urin werden eingeatmet und greifen die Schleimhäute an.

Die geschädigten Atemorgane von Nase, Rachen, Luftröhre, Bronchien und Lungenbläschen werden überempfindlich und reagieren auf die Staubteilchen des gefütterten Heus mit starkem Husten. Daraus kann die so genannte Heuallergie entstehen mit der Folge, dass Heu gar nicht mehr oder nur gewässert gefressen werden kann. Bei nassem Heu ist zu bedenken, dass viele wertvolle Nährstoffe ausgewaschen sind, die dem Pferd dann auf andere Weise verabreicht werden müssen.

Auch mit Schimmelpilzen verdorbenes Heu kann schwere Erkrankungen der Atmungsorgane auslösen. Deshalb sollte jeder Ballen vor der Fütterung aufgeschnitten und kontrolliert werden. Dabei wird die Ration mit der Heugabel aufgelockert, sodass ein Großteil des Staubs und anderer Verunreinigungen erst gar nicht in den Stall gelangt.

Ein weiterer Fehler sind hoch angebrachte Heuraufen oder Futternetze im Stall. Pferde fressen normalerweise vom Boden. Der gesenkte Kopf bildet eine glatte Bahn vom Maul bis in die Speiseröhre. Wird das Heu mit erhobenem Kopf gezupft, entsteht im hinteren Rachenraum praktisch ein Knick, durch den die Nahrung gedrückt werden muss. Dabei reibt das Futter an der Rachenschleimhaut und schädigt sie auf Dauer. Außerdem gerät durch diese Kopfhaltung leicht Staub in die Luftröhre und damit in die Lunge.

Auch beim Reiten kann eine unnatürliche Kopfhaltung des Pferdes Atemwegserkrankungen begünstigen. Bei starker Beanspruchung weiten sich die Nüstern, und es gelangt mehr Staub durch die Nasenöffnungen. Dies ist besonders in der Reithalle der Fall. Normalerweise prustet das Pferd alles wieder heraus. Das ist jedoch nur möglich, wenn der Kopf nach vorn oder unten gestreckt werden kann und nicht durch die Zügel in eine erhobene und abgewinkelte Haltung gezwungen wird.

Nach einem Ritt sind Pferde oft nass geschwitzt. Im Sommer ist das kein Problem, im Winter aber muss man Angst vor Erkäl-

tungen haben. Falsch ist, das Tier zum Abtrocknen in den Stall zu bringen. Die ohnehin feuchte Stallluft kann das Schwitzwasser schlecht und nur sehr langsam aufnehmen. Im Freien streift Frischluft über das Fell und lässt den Wasserdampf schneller verdunsten. Die Verdunstung erfolgt von innen nach außen. Die Körperwärme trocknet erst die unteren Fellschichten, dann die Deckhaare.

Durch Abrubbeln des Fells kann dieser Vorgang unterstützt werden. Sind Haarflächen stark durch Schweiß verkrustet, sollte er mit klarem Wasser abgewaschen werden, damit verklebtes Fell das „Abdampfen" nicht behindert.

Das Überlegen einer Pferdedecke hätte den gleichen Effekt: Die Nässe wird gestaut und der Luftaustausch behindert.

Tritt trotzdem mal ein leichter Husten oder Schnupfen auf, wird dem Pferd zweimal am Tag ein Eimer mit heißem Kamillentee unter die Nase gehalten. In Verbindung mit Auslauf an der frischen Luft ist die Erkältung meist schnell verschwunden.

Hier ein Rezept für eine Hustenmischung:

> Zu gleichen Teilen (je etwa 20 Gramm) Königskerze, Sanikelkraut, Augentrost, Erikakraut, Isländisch Moos, Lungenkraut, Huflattichblätter, Salbei, Vogelknöterich, Alantwurzel und Echinacea (in der Apotheke erhältlich) miteinander vermischen.
> Eine Hand voll in 1/2 bis 1 Liter Wasser aufkochen; den Aufguss etwa 10 Minuten ziehen lassen.
> Dann wird der Tee samt den Kräutern mit Weizenkleie gemischt und möglichst warm verfüttert. Damit es besser schmeckt, kann man etwas Zucker, Äpfel oder Möhren untermengen.
> Diese Mischung dreimal täglich füttern.

Eine schlimme chronische Erkrankung ist die Dämpfigkeit (siehe unter „Die Haupt- und Gewährsmängel"). Sie ist mit dem Asthma beim Menschen vergleichbar. Es sind dabei Atmungs- wie auch Kreislauforgane geschädigt. Die Bronchien und Lungenbläschen sind verklebt, verschleimt und nicht mehr elastisch. Um die Atemluft auszustoßen, muss die Bauchmuskulatur mithelfen. Hier bildet sich mit der Zeit eine Vertiefung, die so genannte Dampfrinne.

Aber auch Herz und Kreislauf sind meist durch mangelnde Bewegung überlastet.

Pferde mit dieser Erkrankung müssen so viel wie möglich im Freien leben. Boxenhaltung verschlimmert die Dämpfigkeit katastrophal.

Schlecht gekaut ist schlecht verdaut: die Verdauung

Schlecht gekaut ist schlecht verdaut – das gilt wie beim Menschen auch für das Pferd. Nur gut zerkleinerte und eingespeichelte Nahrung kann vom Körper aufgenommen und verwertet werden. Deshalb müssen einmal im Jahr die Zähne des Pferdes kontrolliert werden.

Eine abwechslungsreiche Nahrung ist wichtig für eine gleichmäßige Belastung und Abnutzung der Zähne. Wird nur weiches Futter gefressen, werden die Backenzähne schräg abgeschmirgelt und bilden scharfe Kanten, die zu Verletzungen im Maul führen können. Deshalb müssen harte Zweige oder

ganze Haferkörner vom Kiefer zermahlen werden, damit das Abschleifen der Zähne gleichmäßig erfolgt.

Liegen Zahnschäden vor, können viele andere Krankheiten die Folge sein.

Hat das Pferd Bauchweh, nennt man das Kolik. Das Pferd ist sehr unruhig, tritt mit den Hinterbeinen unter den Bauch und wirft sich auf den Boden. Die meisten Tierärzte sagen, dieses Wälzen sollte man unbedingt vermeiden, weil es zu einer lebensgefährlichen Darmverschlingung führen kann. Aber es gibt auch andere Meinungen.

Eine erste Hilfe kann darin bestehen, das Pferd im Schritt zu bewegen und ihm Kräuterbüschel aus Melisse, Pfefferminze, Fenchel oder Kümmel zu geben, die krampflö-

Verdauungsschema

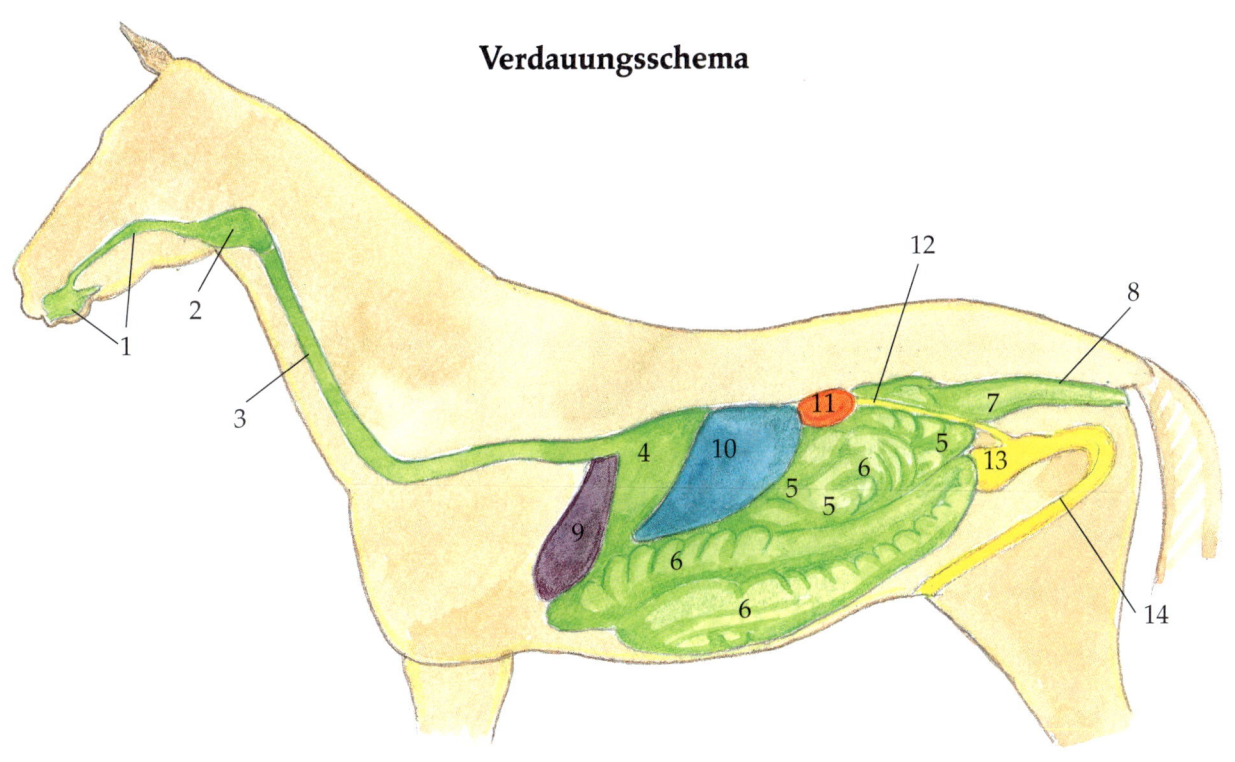

1 Mundhöhle	8 After
2 Rachen	9 Leber
3 Speiseröhre	10 Milz
4 Magen	11 Niere
5 Dünndarm	12 Harnleiter
6 Dickdarm	13 Harnblase
7 Mastdarm	14 Harnröhre

Abtasten des Beines nach Schwellungen und heißen Stellen

send wirken. Bessert sich der Zustand nicht, muss der Tierarzt gerufen werden. Nicht nur verdorbenes Futter kann Koliken hervorrufen, sondern auch unsachgemäße Zubereitung. Im Winter werden gern getrocknete Zuckerrübenschnitzel zugefüttert. Sie müssen gut gewässert werden, da sie sonst erst im Magen oder Darm aufquellen und Schmerzen und Verstopfung verursachen. Am besten gibt man den Tieren eine ganze Rübe. Das Abnagen beschäftigt sie und ist gut für die Zähne. Frische ganze Rüben sind gesünder und saftiger und führen – in Maßen gefüttert – kaum zu Koliken.

Eine gefährliche Erkrankung ist die Hufrehe. Es gibt verschiedene Ursachen. Die häufigste ist eine Überfütterung mit eiweißreicher Kost. Das passiert zum Beispiel, wenn ein Pferd die Futterkiste mit Hafer plündert oder im Frühjahr ohne Eingewöhnung der Wechsel von Heufütterung zur Weide erfolgt. Vor allem „leichtfuttrige" Ponys sind gefährdet.

Man erkennt die Hufrehe leicht. Das Pferd steht steif, streckt die Vorderfüße weit nach vorn und schiebt die Hinterbeine unter den Körper, um die Vorderhufe zu entlasten.

Meist sind die Vorderbeine betroffen. Die Hufe schmerzen, weil die Huflederhaut entzündet ist und sich dort Blut und Flüssigkeit stauen.

Erste Linderung erreicht man durch Kühlen der Beine. Ideal wäre ein Bach in der Nähe, in dem das Pferd hin und her bewegt werden kann. Sonst müssen die Hufe in Wassereimer gestellt oder nasse Wickel angelegt werden. Der Tierarzt muss kommen. Das Zufüttern von einigen Heilpflanzen wie Löwenzahn, Hirtentäschel, Huflattich oder Holunder kann nicht schaden.

Harmloser als die bisher aufgeführten Krankheiten ist etwa ein Durchfall, wenn das Pferd einige Äpfel zu viel gefressen hat. Stehen an oder auf der Weide Eichenbäume, dann helfen sich die Pferde meist selbst durch das Knabbern von Blättern, Zweigen und Rinde. Bei anhaltendem Durchfall muss jedoch der Tierarzt um Rat gefragt werden.

Fast alle Pferde sind mehr oder weniger von Würmern befallen. Normalerweise schützen sich Pferde vor Wurmeiern, indem sie nicht in der Umgebung fressen, wo sie selbst oder andere Pferde Kot absetzen.

Meist sind jedoch die Weiden zu klein, und das Futter ist knapp, sodass die Tiere auch in der Nähe der so genannten „Geilstellen" fressen und sich immer wieder anstecken. Dann ist mindestens zweimal im Jahr eine Wurmkur fällig – nämlich vor und nach der Weidesaison.

Der Befall mit Würmern lässt sich verringern, indem auf kleinen Weiden regelmäßig die Pferdeäpfel abgelesen werden, Rinder mitweiden und vor dem Winter die Kothaufen abgeschliffen werden, damit die Wurmlarven bei Frost absterben.

Ist man nicht sicher, ob die Pferde eine Wurmkur brauchen, bringt man ein Weckglas mit Pferdekot zum Tierarzt und lässt den Kot untersuchen.

Sind die gelben Eier der Dasselfliege an den Vorderbeinen der Pferde festgestellt worden, muss ebenfalls etwas unternommen werden. Die Behandlung erfolgt im Oktober und Ende Dezember.

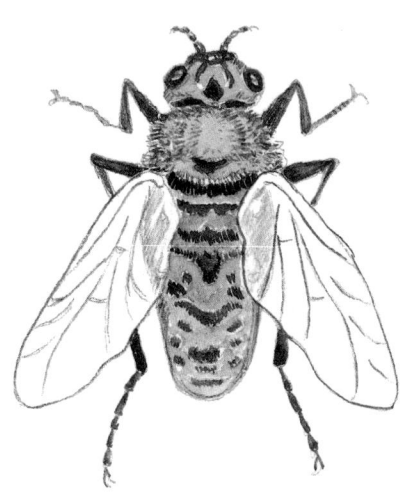

Dasselfliege

Wie der Huf, so läuft das Pferd: der Bewegungsapparat

Neben den Atmungs- und Verdauungsorganen sind beim Pferd die Beine und Gelenke am empfindlichsten. Der wichtigste Teil des Beines ist der Huf. Ein Tier, das dazu geschaffen ist, ständig in Bewegung zu sein, muss „gut zu Fuß" sein.

In freier Natur hatten die Pferde kaum Schwierigkeiten. Auf ihren Wanderungen durchquerten sie große Gebiete. Unterschiedliche Böden wie nasse und trockene Wiesen, harte Geröll- oder Steinflächen und sumpfiger Morast wechselten ab und sorgten für gleichmäßigen Abrieb des Hufhorns.

Auch konnte der Huf genügend Feuchtigkeit aufnehmen. Erst die Pferdehaltung des Menschen schuf Probleme.

Das gilt vor allem für die Boxenhaltung, bei der die Pferde die meiste Zeit des Tages stehen, statt sich zu bewegen. Nur durch ausreichende Bewegung und die damit verbundene Be- und Entlastung der Hufe wird die Huflederhaut gut durchblutet und erhält Nährstoffe für die Hornbildung. Außerdem dient die Hufbewegung als Kreislaufpumpe, die das Blut wieder in Richtung Herz zurückdrückt. Steht das Pferd hauptsächlich, staut sich das Blut in den Beinen, und der Blutkreislauf wird dadurch belastet.

Aber das ist noch nicht alles. Der Körper des Pferdes ist so gebaut und mit seinen Muskeln, Sehnen und Bändern darauf eingestellt, dass der Kopf fast ständig nach vorn oder zum Boden gestreckt wird. So liegt das Körpergewicht auf den Vorderbeinen und wird von der vorderen Hufwand abgestützt. Sind jedoch hohe Trennwände zwischen den Boxen, über die das Pferd hinweggucken muss, oder wird Heu und Kraftfutter nicht in Bodennähe gefüttert, hält das Pferd den Kopf unnatürlich oft hoch und belastet

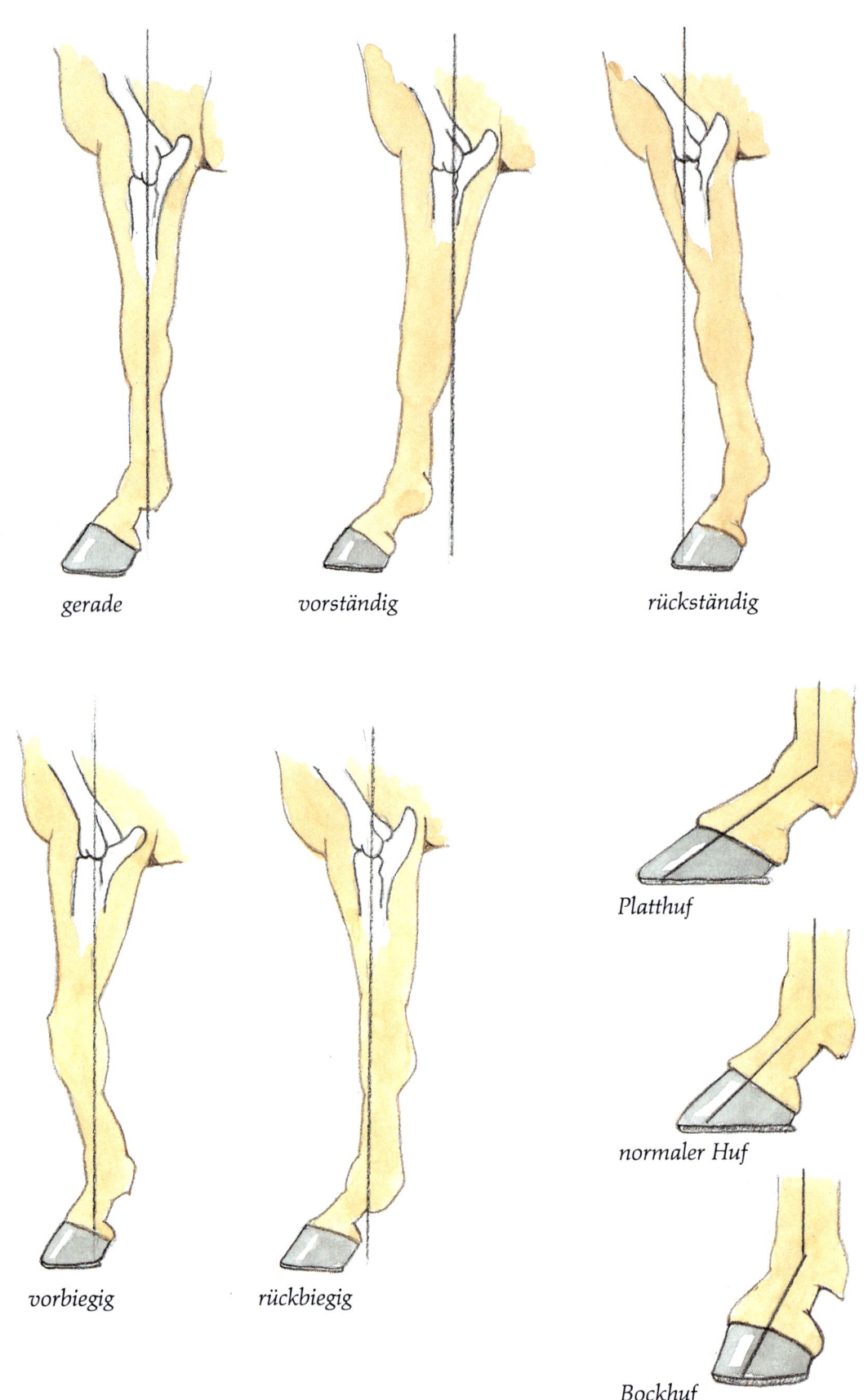

gerade

vorständig

rückständig

Platthuf

normaler Huf

vorbiegig

rückbiegig

Bockhuf

die Hufe falsch. Sehnen, Bänder und Gelenke können Schaden nehmen.

Selbstverständlich richten sich Pferde draußen auf, um Blätter von Bäumen zu zupfen oder Rundumschau zu halten. Dies steht zeitlich aber in keinem Verhältnis zum stundenlangen Grasen mit gesenktem Kopf.

Schließlich kommt noch eine unangenehme Folge der Stallhaltung dazu. Die Box ist verhältnismäßig eng, sodass die Pferde in ihrem eigenen Kot und Urin stehen. Deshalb wird Stroh eingestreut, um die Flüssigkeit aufzusaugen und die Pferdeäpfel abzudecken. Alles sieht sauber und trocken aus. Das ist allerdings nur oberflächlich so. Wenn nämlich die Hufe der Tiere auf die weiche Strohschicht treten, quetschen sie sie wie einen Schwamm zusammen, und der Huf steht in der Jauche. Diese riecht nicht nur unangenehm, sondern ist so ätzend, dass sie das Hufhorn angreift. Als Erstes ist davon der weiche Strahl betroffen, und es kommt zur so genannten „Strahlfäule".

Ist die Strohschicht sehr dick, kann die Jauche auch mit den Haaren der Fesselbeuge in Berührung kommen. Manche Pferde sind so empfindlich, dass sich erst die Haut rötet und dann ein nässender Ausschlag entsteht. Diese Erkrankung wird „Mauke" genannt.

Die betroffenen Stellen werden mit einem Leinenlappen, der mit Kamillentee getränkt ist, abgerieben und gereinigt. Danach kann einmal täglich das Naturheilmittel Propolis bis zur Heilung aufgetragen werden. Schon bei Behandlungsbeginn sollte das Pferd möglichst auf die Weide oder in einen Offenstallauslauf kommen.

Das Gleiche gilt für die Strahlfäule. Ausgefranste, schmierige Hornlappen werden vorsichtig ausgeschnitten und die Hufe in einer Ringelblumen-Arnika-Lösung gebadet. Matsch oder Lehm im Auslauf sind keinesfalls schädlich!

Die Hufe sollten grundsätzlich regelmäßig kontrolliert werden. In Gegenden mit vielen Schotterwegen müssen nach jedem Ausritt kleine Steine oder Splitter entfernt werden. Bei nachlässiger Pflege können die Fremdkörper ins Innere des Hufes wandern und ein Hufgeschwür verursachen. Es entsteht eine eitrige Entzündung, und das Pferd lahmt, Tierarzt oder Hufschmied müssen das Sohlenhorn so weit ausschneiden, dass der Eiter abfließen kann.

Als Hufschutz gilt das Hufeisen. Ob es notwendig ist oder eher schädlich, darüber gibt es verschiedene Meinungen. So tritt die Tierärztin und Buchautorin Hiltrud Strasser entschieden für das „Barfußgehen" der Pferde ein. Sie ist der Meinung, dass Festigkeit und Gesundheit der Hufe durch richtige Pferdehaltung und Training erreicht werden können.

Damit hat sie sicher Recht. Es setzt aber voraus, dass die Pferde in Auslaufhaltung leben – die eigentlich selbstverständlich sein sollte. Die meisten „Freizeitpferde" werden auch nur so stark beansprucht, dass sich das Hufwachstum den Anforderungen mühelos anpassen kann. Auf Weiden mit morastigen Stellen verlieren Pferde schnell ein Eisen, und bei Balgereien können sie sich durch Hufeisen verletzen.

Wird das Pferd nicht beschlagen, müssen die Hufe ungefähr alle acht Wochen vom Hufschmied ausgeschnitten und gefeilt werden.

Schrammen oder kleinere, blutende Verletzungen an den Beinen kann man mit Beinwellsalbe selbst behandeln. Größere und ernsthaftere Verletzungen müssen dagegen vom Tierarzt begutachtet werden. Pferde, die bei jeder Witterung und unterschiedlichster Bodenbeschaffenheit im Freien leben, sind natürlich robuster, gesünder und damit auch wesentlich weniger anfällig für Sehnen- und Gelenkserkrankungen.

Die Haut

Wenn Pferde sich genüsslich im Schlamm wälzen und ein Schimmel eher wie ein Pinto aussieht, schlagen manche Leute die Hände über dem Kopf zusammen. Sofort wird das Putzzeug geholt. Das ist jedoch nur sinnvoll, wenn ein Ritt oder eine Ausfahrt geplant ist und Sattel oder Geschirr aufgelegt werden.

Ansonsten ist das Schlammbad Körperpflege nach Pferdeart. Es kühlt die Haut, schützt gegen Fliegen, und durch das anschließende Reiben und Scheuern an Baumstämmen oder Pfosten wird das Fell massiert und „ausgebürstet". Die Putzwut der Menschen nimmt den Pferden den Spaß an ihrer Körperpflege und kann sogar die Fettpuderschicht auf dem Fell zerstören. Die feinen grauen Schuppen schützen die Haut vor durchdringender Nässe. Übertriebenes Putzen schadet also eher!

Häufiges Durchnässen kann zum Beispiel Ausschläge auf der Haut begünstigen. Hautpilze oder Überempfindlichkeit gegen bestimmte Stoffe verursachen Entzündungen. Solche Ekzeme können auch durch Mückenstiche hervorgerufen werden. Gegen diese Erkrankungen kann ebenfalls das Naturheilmittel Propolis angewendet werden.

Die Augen

Wenn im Hochsommer Fliegen und Mücken den Kopf der Pferde umschwirren und sich auf die Augenlider setzen, entsteht häufig eine Bindehautentzündung.

Die Augen sind gerötet und tränen. Meist ist die Entzündung nicht sehr stark und geht von selbst zurück. Wird sie jedoch schlimmer oder bricht sie immer wieder aus, muss der Tierarzt zu Rate gezogen werden. Denn bei chronischer Augenentzündung ist eine innere Erkrankung des Auges, die „Periodische Mondblindheit" (siehe unter „Die Haupt- und Gewährsmängel"), zu befürchten.

Während beim Menschen die Bindehautentzündung mit Kamille behandelt werden kann, darf dies beim Pferd auf keinen Fall geschehen. Die Feuchtigkeit würde die Augenregion nur auskühlen und dadurch noch empfindlicher machen. Will man jedoch ganz sichergehen, sollte der Tierarzt den Bindehautsack mit einer milden Salbe behandeln.

Werden die Pferde stark von Fliegen und Mücken belästigt, sind Fransenstirnbänder, ein dunkler, kühler Unterstand und Holundersträucher und Walnussbäume auf der Weide die beste Vorbeugung.

Ich habe gute Erfahrungen mit frischen Schafgarbenblättern gemacht. Sie werden auf der Weide gepflückt, im Mund zerkaut und der Saft um die Augen gestrichen. Das sieht zwar wie eine Kriegsbemalung aus, hält aber die Mücken fern.

126

Langeweile als Krankheit

Das Pferd ist ein Herdentier und braucht Kontakt mit Artgenossen. Es möchte alle seine Sinne benutzen. Pferde sind lebendige, neugierige und interessierte Tiere.

Werden sie jedoch in vergitterte Boxen gesteckt und bleiben die meiste Zeit sich selbst überlassen, verkümmern sie. Werden sie täglich nur ein, zwei Stunden in der Halle geritten, verlieren sie das Interesse an ihrer Umwelt, die ja auch sehr eintönig ist. Sie „trauern", weil sie sich nach der Herde sehnen, nach anderen Pferden, mit denen sie grasen, toben und ausruhen können. Sie verlieren ihre ursprüngliche Lebensfreude und stumpfen immer mehr ab.

Aus Langeweile und unterdrücktem Bewegungsdrang entwickeln sie „Ersatzhandlungen". Neben dem „Koppen" (siehe unter „Die Haupt- und Gewährsmängel") gehört dazu das „Weben".

Dabei schaukeln die Tiere oft stundenlang mit dem Kopf hin und her, manchmal gleichzeitig auch mit den Beinen.

Ein ähnliches Verhalten kennen wir von Elefanten im Zoo, von Großkatzen in Käfigen, aber auch von so genannten verhaltensgestörten Kindern. Das wird Hospitalismus genannt.

In Wirklichkeit werden all diese Lebewesen von ihrer Umwelt, den Lebensbedingungen krank gemacht. Die müssen geändert werden.

Alte Pferde verpflanzt man nicht!

Natürlich heißt das Sprichwort richtig: „Alte Bäume verpflanzt man nicht." Aber man wendet es auch auf alte Menschen an, die gern in vertrauter Umgebung alt werden und sterben möchten. Das gilt auch für Pferde.

Altwerden wird meist mit Kranksein verwechselt. Das muss jedoch nicht sein. Krank werden oft nur Lebewesen, die plötzlich ausrangiert, nicht mehr gebraucht werden und das Gefühl haben, unnütz zu sein, zum „alten Eisen" zu gehören.

Um über die Bedürfnisse alter Pferde etwas zu erfahren, muss man wissen, dass sie in freier Natur bis zum letzten Atemzug mit ihrer Herde zusammen sind. Auch im Alter wandern sie mit den Artgenossen und müssen ihnen folgen können. Sie sind also keineswegs schwach und gebrechlich.

Ebenso ist es im Zusammenleben mit den Menschen, den gewohnten Tieren und der gewohnten Umgebung. Deshalb sollten alte Pferde nicht auf einen „Gnadenhof" abgeschoben werden. Wer Verantwortung für ein Tier übernommen hat, sollte auch dazu stehen, wenn es nicht mehr so viel leistet oder so belastet werden kann wie früher. Eine neue Umgebung bedeutet fremde Menschen, fremde Tiere. Das alte Pferd müsste sich neu eingewöhnen, und das fällt ihm sehr schwer.

Andererseits können Pferde, die gesund gehalten wurden, weit über 20 Jahre alt werden und durchaus noch Aufgaben übernehmen. Sie sind oft ruhige, geduldige Tiere und eignen sich gut für Kinder oder Jugendliche zum Reitenlernen.

Auch die Ernährung alter Pferde ist in der Regel nicht schwierig. Die Zähne wachsen ja regelmäßig nach. Es kann allerdings passieren, dass die Schneidezähne stark abgenutzt sind. Das ist nicht schlimm: Äpfel und Rüben werden in mundgerechte Stücke geschnitten. Gras, Heu und Körnerfutter werden problemlos mit den Lippen aufgenommen und von den Backenzahnen zerkleinert.

Es kann jedoch passieren, dass ein altes Pferd unheilbar krank wird und starke Schmerzen leidet. Auch dann sollte es in seiner gewohnten Umgebung sterben dürfen.

Die Naturheilkunde

Die Naturheilkunde ist eine sanfte und behutsame Medizin, die den Körper bei Erkrankungen unterstützt. Mit natürlichen Mitteln, hauptsächlich aus Pflanzen, wird die Widerstandskraft gestärkt. Dabei werden aber nicht nur augenblicklich auftretende Schmerzen beachtet, sondern der ganze Körper und die Ursache der Beschwerden in Zusammenhang gebracht. Das gilt für Menschen genauso gut wie für Tiere.

Die ältesten und bekanntesten Hausmittel sind die Heilpflanzen. Sie können zum Beispiel Mangelzustände ausgleichen, Krämpfe und Blähungen lösen, Nerven beruhigen oder Schwellungen abklingen lassen.

Früher waren die Heilkräuter auch Lebensmittel und wurden als Salat, Suppe oder Tee eingenommen. Der Körper bekam dadurch regelmäßig wichtige Vitamine und Mineralien.

Auch Pferde können auf wenig gedüngten Wiesen viele Kräuter finden und damit manchen Krankheiten vorbeugen. Haben sie genügend Auswahl, suchen sie sich schon das Richtige selbst heraus.

Aber natürlich können Heilkräuter auch in anderer Form angewendet werden. Zum Beispiel als Salbe, Pulver oder ausgepresster Saft. Das Heilen mit Kräutern braucht seine Zeit genauso wie die Erkrankung, die auch eine Vorgeschichte hat. Deshalb ist der natürliche Heilvorgang ein Prozess, bei dem man etwas Geduld haben muss.

Die Homöopathie ist ein Heilverfahren, das von Samuel Hahnemann (1755–1843) entwickelt wurde. Dabei werden Stoffe aus dem Pflanzen-, Tier- oder Mineralreich verwandt, die man in Zehner- oder Einhunderterschritten verdünnt. Der Zusatz „D3" bedeutet zum Beispiel: ein Tausendstel des Ausgangsstoffes ist vorhanden, 999 Teile sind Verdünnung. Es sollen also mit kleinsten Mengen große Wirkungen erzielt werden.

Die homöopathischen Mittel werden eingerieben, gespritzt oder als Tropfen über die Zunge eingenommen.

Es gibt schon viele Tierärzte, die homöopathische Mittel den üblichen Medikamenten vorziehen.

Eine besondere Form von Naturmedizin sind die „Bach-Blüten", benannt nach ihrem Erfinder, dem Engländer Edward Bach. Auch er ist der Meinung, dass Krankheit eine Störung des seelischen Gleichgewichtes bedeutet. Insgesamt 38 verschiedene Pflanzenblüten sollen das wieder in Ordnung bringen.

Dazu werden die Blüten in Wasser gelegt und die Wirkstoffe von der Sonne herausgelöst. Die Lösung kommt in eine Flasche und wird mit Alkohol aufgefüllt, damit sie haltbar bleibt.

Man muss herausfinden, welche Blüten zum Zustand des Pferdes passen. Die Tropfen können über ein Stückchen Zucker verabreicht werden oder äußerlich durch Einreiben oder Umschläge.

Eine weitere Methode ist die Verwendung von ätherischen Ölen. Diese durch Wasserdampf gewonnenen Pflanzenöle entfalten ihre Wirkung durch Erriechen, Einmassieren oder werden zum Beispiel mit einem Stück Zucker ins Maul gegeben.

Zum Schluss soll noch die Heilerde genannt werden. Man kann beobachten, dass sich viele Tiere bei bestimmten Verletzungen oder Erkrankungen in Schlamm oder Lehm wälzen oder auch Erde fressen. Lehm ist frei von Bakterien, saugt Giftstoffe auf und wirkt entzündungshemmend.

„Heilerde" kann man in der Apotheke kaufen. Sie ist pulverisierter Lehm und kann innerlich bei Erkrankungen von Magen und Darm, aber auch äußerlich bei Entzündungen oder Verletzungen angewandt werden. Heilerde kann auch mit Kräutern vermischt werden.

Heilkräuter

Arnika

Arnikatinktur (Pflanzenwirkstoff, in Alkohol gelöst) und Arnikasalbe sind gut gegen Verletzungen. Die verdünnte Tinktur nimmt man zum Austupfen von Wunden. Bei Gelenkentzündungen, Prellungen und Verstauchungen wird ein mit der Tinktur getränkter Umschlag angelegt.

Baldrian

Wirkt beruhigend und entspannend, besonders bei Koliken und Krämpfen. Baldrian wird als Pulver, Tinktur oder Tee verabreicht.

Bärlauch

Ist wie Knoblauch ein Mittel gegen Darmerkrankungen und Würmer. Riecht intensiv und wird womöglich nicht gern gefressen; deshalb klein schneiden und unters Futter mischen.

Beinwell

Beinwellsalbe sollte in der Stallapotheke nicht fehlen (siehe Rezept im Anschluss an dieses Kapitel). Sie hilft bei vielen Wunden, bei Entzündungen und Verstauchungen. Auch die frischen Blätter sollten ab und zu gefüttert werden.

Blutwurz

Man kann sie als Absud (Pflanze wird abgekocht und durchgefiltert), Salbe oder Pulver verwenden.

Der Absud wird bei Durchfall verabreicht. Dem Pferd wird ungefähr ein Liter eingeflößt. Die Salbe hilft bei Hautausschlägen. Bei Verletzungen streut man das feine Pulver auf die Wunde.

Brennnessel

Die Fütterung mit Brennnesselsamen ist ein alter Trick der Pferdehändler, damit das Fell seidig glänzt. 1874 schrieb Ferdinand Müller in seinem Kräuterbuch: „Füttert man Pferden nur acht Tage eine mäßige Quantität Nesselsamen, so werden sie sehr fett und schön, was bis jetzt nicht allgemein bekannt ist und von pfiffigen Pferdehändlern als Geheimnis betrachtet wird; sie werden auch munter davon; es ist eine wahre Arznei ..."

Goldrute

Diese Pflanze wird zur Behandlung von Nierenerkrankungen verwendet. Dazu gibt man das Kraut ins Futter. Früher wurde es auch zur Linderung von Bisswunden verabreicht. Frisch zerquetschte Blätter und Blüten werden auf die Wunde gelegt.

Kamille

Die Kamille ist krampfstillend, löst Blähungen und heilt Wunden. Bei Erkältungen hält man dem Pferd einen Eimer mit heißem Kamillentee unter die Nase.

Klette

Die Klettenwurzel wird klein geschnitten und mit Huflattichblättern und Dost (Wilder Majoran) zu gleichen Teilen unter das Futter gemischt. Es ist ein Mittel gegen Husten.

Ringelblume

Die Salbe hilft ähnlich wie Beinwell bei Verletzungen, Entzündungen und Ausschlag.

Schafgarbe

Schafgarbe ist gut bei Magen- und Darmstörungen sowie Blähungen. Man gibt das Kraut einfach ins Futter oder setzt eine Tinktur an. Frischer Schafgarbensaft ins Fell gerieben hält lästige Fliegen ab.

Spitzwegerich

Dies ist ein gutes Mittel, um frische Wunden mit den Blättern, die man im Mund saftig kaut, zu behandeln.

Rezept der Beinwellsalbe

Die Beinwellsalbe wird aus den Wurzeln des Beinwells hergestellt. Sie werden im Frühjahr oder im Herbst ausgegraben, denn dann steckt die meiste Heilkraft in den Wurzeln.

Man benötigt ungefähr ein Pfund der kräftigen schwarzen Wurzelteile. Sie werden sauber abgewaschen und dann klein geschnitten. Dann lässt man ein halbes Pfund Schweineschmalz im Topf schmelzen und gibt die Beinwellstückchen hinzu.

Das Ganze wird erhitzt, darf aber nicht kochen. Nach etwa zwanzig Minuten unter ständigem Rühren wird die Mischung vom Herd genommen und durch ein sauberes Tuch gedrückt. Die Masse wird in kleine, verschließbare Gläser gefüllt.

Die Salbe muss kühl aufbewahrt werden. So hält sie sich auf jeden Fall vom Frühjahr bis zum Herbst bzw. Herbst bis Frühjahr. Dann sollte frische Salbe zubereitet werden.

Die Stallapotheke

Pferde, die in Offenstallhaltung leben, sind meist recht gesund. Trotzdem sollte man einige Heilmittel für kleinere Verletzungen oder Erkrankungen und für die erste Hilfe bei Unfällen oder Koliken bereithalten.

Unerlässlich ist ein *Fieberthermometer*. Steigt die Temperatur über 38,5 Grad, hat das Pferd Fieber.

Die *Beinwellsalbe* ist gut gegen Kratzer und kleine Verletzungen. Eine Packung *Heilerde* kann bei äußerlichen Beschwerden wie Prellungen oder Entzündungen sowie innerlich bei Magen- und Darmstörungen angewandt werden.

Ein Fläschchen *Kampferspiritus* hilft bei Koliken, indem man die Flanken des Pferdes damit einreibt. Auf Pferdemärkten und -ausstellungen werden auch *Koliktropfen*, ein Gemisch verschiedener Kräuter gegen Krämpfe und Blähungen, verkauft. Die Tropfen reichen bei leichten Koliken bei gleichzeitigem Herumführen des Pferdes meist aus. Zumindest verschaffen sie erste Linderung.

Bei den Bach-Blüten gibt es „*Notfall-Tropfen*" als erste Hilfe bei Unfällen oder Schock.

Die Stallapotheke sollte sich für die Pferde außer Reichweite, für den Menschen jedoch griffbereit in Stallnähe befinden.

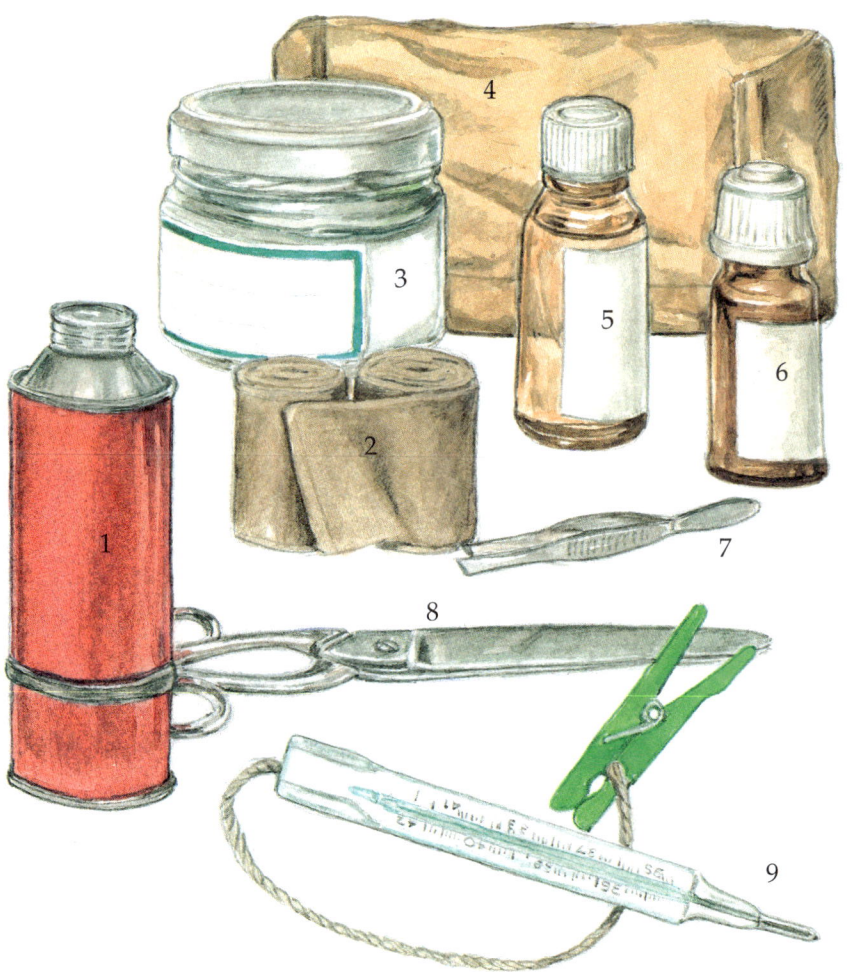

1 Kampferspiritus
2 elastische Binde
3 Beinwellsalbe
4 Heilerde
5 Koliktropfen
6 Notfalltropfen
7 Pinzette
8 Schere
9 Fieberthermometer

Der Tellington-Touch

Die Amerikanerin Linda Tellington-Jones entwickelte eine Methode für Körperberührungen an Pferden, die sich von herkömmlichen Massagen unterscheidet.

Durch bestimmte Berührungen (englisch „touches") sollen Gehirnzellen und Nervenimpulse angeregt werden, die das Verständnis zwischen Pferd und Mensch sowie Gesundheit und Leistungsfähigkeit des Pferdes verbessern.

In den verschiedenen Übungen wird die flache Hand mal streichelnd über den Körper gerührt, mal wird die Haut mit locker gekrümmten Fingern kreisförmig bewegt. Andere Berührungen bestehen darin, dass die Hände den Körper abklatschen oder vorsichtig die Haut rollen.

Alle Übungen dienen dazu, Spannungen zu lösen, Ängste und Nervosität abzubauen und durch Vertrauen zu ersetzen. So kann das Pferd die Berührungen genießen, wird locker und leistungsbereit.

Impfungen

Wundstarrkrampf (Tetanus)

Die Erreger des Wundstarrkrampfes leben in der Erde und besonders im Kot von Pferden. Das Tetanusgift ist sehr gefährlich für Pferde; sie sind von allen Haustieren am empfindlichsten dagegen.

Die Bakterien gelangen durch Wunden in den Körper, breiten sich an den Nervenbahnen aus und führen zu Muskelkrämpfen. Vom Befall bis zum Ausbruch der Krankheit vergehen manchmal nur zwei Tage, es kann aber auch ein bis zwei Wochen dauern. Die ersten Anzeichen sind starkes Schwitzen, Fressunlust und ein verspannter Gang. Mit Fortdauer der Krankheit verkrampfen sich immer mehr Muskeln, die Nickhaut am Auge ist zu sehen, und die Tiere stehen mit gespreizten Beinen wie ein „Sägebock" unbeweglich da. Schließlich kann keine Nahrung mehr aufgenommen werden, weil auch die Maulspalte verkrampft. Das Pferd stirbt innerhalb einiger Stunden unter qualvollen Schmerzen.

Nur wenn eine teilweise Futter- und Wasseraufnahme noch möglich ist, hat das Tier vielleicht eine Chance zu überleben. Je schneller und heftiger die Krankheit ausbricht, desto aussichtsloser ist der Verlauf und desto sicherer der Tod.

Deshalb muss jedes Pferd unbedingt gegen Wundstarrkrampf geimpft werden. Schon im Alter von ungefähr vier Monaten kann die so genannte „Grundimmunisierung" – das sind zwei Impfungen im Abstand von vier Wochen – erfolgen. Die dritte Impfung wird im Jahr darauf verabreicht. Dann muss der Impfschutz alle zwei Jahre aufgefrischt werden.

Tollwut

Ebenfalls wichtig ist die Tollwutimpfung, wenn die Weiden in Waldnähe oder am

Ortsrand liegen. Der Impfschutz muss jedes Jahr erneuert werden.

Influenza

Wenn Pferde auf Reitveranstaltungen oder Wanderritten oft mit Artgenossen zusammenkommen, kann die Influenza (Pferdegrippe, Hoppegartener Husten) übertragen werden. Sie ist ansteckend und wird beim Husten durch feine Tröpfchen verbreitet. Besonders Pferde, die nicht im Freien gehalten werden und nicht genügend abgehärtet sind, können dafür sehr empfindlich sein. Dann empfiehlt sich eine Schutzimpfung. Beim Verabreichen von Wurmpasten ist darauf zu achten, dass die Medikamente öfter gewechselt werden, weil sich sonst die Würmer an die Wirkstoffe gewöhnen und nicht mehr absterben. Eine Kotprobe kann klären, welche Würmer genau bekämpft werden müssen.

Kleines medizinisches Lexikon

Abfohlen

Ausdruck für die Geburt eines Fohlens

Biestmilch

Auch Kolostralmilch genannt. Das ist die Milch, die in den ersten zwölf Stunden nach der Geburt von Fohlen getrunken wird. Sie schützt vor Infektionen.

Bindehautentzündung

Tritt bei Pferden häufig im Sommer auf. Sie wird meist von Fliegen verursacht, die sich in den Augenwinkeln festsetzen und dadurch eine Entzündung hervorrufen.

Biotin

Vitamin H; als Zusatzstoff im Futter hilft es gegen spröde und brüchige Hufe. Auch ein tägliches Einmassieren des Kronrandes mit Lebertran ist gut.

Fraktur

Bruch eines Knochens

Gallen

Weich anzufassende Schwellungen an Gelenken, Sehnenscheiden und Schleimbeuteln, die zeitweilig eine Lahmheit verursachen können.

Fesselgelenksgalle

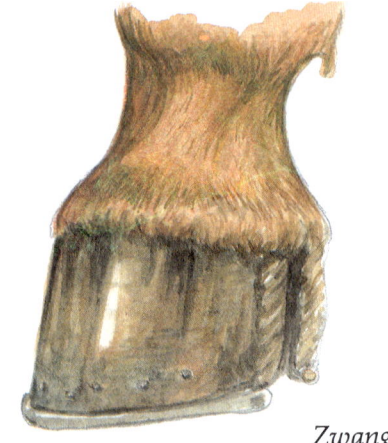

Zwanghuf

Huffehler

- Bockhuf: sehr steiler, hochgestellter Huf, oft mit verkrümmtem Strahl
- Zwanghuf: enger Huf mit zusammengezogenen Trachtenwänden
- Strahlfäule: Durch mangelnde Pflege und dauerndes Stehen im Mist entstehen faule Stellen am Strahl.
- Steingallen: Quetschungen im Huf

Hufgeschwür

Entzündungen im Huf durch Eindringen von spitzen Steinen oder anderen Gegenständen. Das Pferd lahmt. Durch Ausschneiden des Hufes und Behandlung heilt das Geschwür in kurzer Zeit ab.

Hufrollenentzündung

Das ist eine häufig bei Springpferden vorkommende Lahmheit an den Vorderhufen. Der Beginn der Erkrankung ist nicht leicht zu erkennen. Als Test kann die Brettprobe vorgenommen werden. Dabei wird der zu untersuchende Fuß auf ein etwa fünf Zentimeter hohes Brett gestellt und der andere Fuß zirka zwei Minuten angehoben. Danach muss das Pferd auf hartem Boden vortraben. Lahmt das Tier über mehrere Schritte, besteht Verdacht auf eine Hufrollenentzündung.

Kastration

Die männlichen (Hoden) oder weiblichen (Eierstöcke) Keimdrüsen werden entfernt und führen zu Unfruchtbarkeit und Verlust des Geschlechtstriebes.

Kolik

Das sind Krämpfe im Bereich der Bauchhöhle mit sehr starken Schmerzen.

Nasenbremse

Gerät, um Pferde zum Beispiel bei Untersuchungen still zu halten. Die Nasenbremse besteht aus einem Strick und einem Holzstab. Der Strick wird über die Oberlippe des Pferdes gestreift und mit dem Stab gespannt. Durch den Schmerz soll das Pferd abgelenkt und ruhig gehalten werden. Oft hilft aber auch schon das Greifen mit der Hand an ein Ohr des Pferdes.

Nasenbremse

Palpation

Untersuchung durch den Tierarzt durch Abtasten und Befühlen

Rosse

So wird die Zeitspanne genannt, in der sich die Stute von einem Hengst befruchten lässt.

Schale

Das ist eine Knochenwucherung am Kronbein, die Lahmheit verursacht. Häufig wird die Schale durch eine Überbeanspruchung hervorgerufen.

Spat

Entsteht durch Überbelastung des Sprunggelenks; führt zu Entzündungen und später auch zu Knochenveränderungen.

Spatprobe

Bei der Abbiege- oder Beugeprobe werden Vorder- oder Hinterbein hochgehoben und abgebogen. Dadurch kann man Gelenkentzündungen oder Lahmheiten feststellen.

Hält das Pferd nach der Beugeprobe des Hinterbeins das Bein noch eine Zeit lang starr in der Luft und setzt es dann nur langsam wieder auf, kann eine Kniegelenkentzündung (Gonitis) vorliegen. Setzt das Pferd das Bein sofort auf, lahmt aber beim Gehen, kann es sich um Spat handeln.

Strahlfäule

Durch schlechte Hufpflege und Stehen im Mist bilden sich im Strahl schmierige und stinkige Stellen, da die Hornsubstanz zu faulen beginnt.

Warzen

Sie siedeln sich oft im Bereich der Lippen an und werden von bestimmten Insekten übertragen. Meist verschwinden sie nach einiger Zeit von selbst.

Zahnalter fälschen

Früher wurden dafür die Ausdrücke „Gitschen" oder „Malauchen" verwendet. Pferdehändler fälschten das Zahnalter und machten dadurch das Pferd um einige Jahre „jünger". Durch Einbrennen und Ätzen mit Silbernitrat wurden Vertiefungen und Kunden in den Schneidezähnen erzeugt.

In der „Grundschule"
für Pferde und Menschen

Die Methode vom „freien Reiten"

Das „freie Reiten" ist kein neuer Reitstil. Es beschreibt nur die Art und Weise, wie man mit Pferden offen und natürlich umgeht.

Wir verstehen darunter Reiten ohne Zwang, was die freiwillige Mitarbeit der Tiere voraussetzt. Wir nehmen Rücksicht auf die freie natürliche Bewegung des Pferdes. Das äußert sich in der Art der Zügeleinwirkung und in dem Sitz beim Reiten. Es wird im Gelände geritten, wo das Pferd mit Auge, Ohr und Nase seine Umwelt wahrnimmt und auf verschiedenartigen Böden läuft, was den Hufen gut tut.

Voraussetzung dafür ist eine weitgehend freie Form der Pferdehaltung: Weiden mit Baumbestand, im Sommer und in der kalten Jahreszeit täglicher Auslauf oder Offenstall. Dadurch sind Pferde ausgeglichen, locker und eher bereit, mit dem Menschen zusammenzuarbeiten. Denn Reiten bedeutet für das Pferd etwas Unnatürliches. Kaum ein Pferd ist begeistert davon, einen Menschen zu tragen und ihm zu gehorchen. Und das ist seit über tausend Jahren so und hat sich auch dadurch nicht geändert, dass der Mensch Pferde hauptsächlich zum Reiten züchtet.

Pferde sind im Grunde gutmütige Tiere. Bei freundlicher Behandlung und guten Lebensbedingungen sind sie meist bereit, alles Mögliche mitzumachen. Das Zauberwort heißt Vertrauen. Wer einander vertraut, kann sich aufeinander verlassen.

Das ist vor allem im Gelände wichtig. Ein Pferd, das in Notsituationen seinem Reiter nicht vertraut, gerät in Panik und geht durch. Nicht umsonst nennt man sichere Gelände-

pferde eine „Lebensversicherung". Logisch ist auch, dass Vertrauen nicht entsteht, wenn nur Druck und Gewalt ausgeübt werden.

Beim Verstehenlernen zwischen Mensch und Pferd muss sich meist der Mensch mehr anstrengen als das Tier. Pferde spüren sehr schnell, ob ein Mensch selbstbewusst oder unsicher ist, und verstehen gut, was von ihnen verlangt wird. Es muss nur in der Pferdesprache gesagt werden, die Verständigung muss klappen.

Und da hapert es oft beim Menschen. Aus Überheblichkeit oder Unwissenheit kommt es zu Missverständnissen.

Das Pferd versteht nicht, was es machen soll, wird unruhig oder widersetzt sich. Vertrauen wird zu Misstrauen.

Das gegenseitige Verstehen ist also Grundvoraussetzung für das Vertrauen zwischen Mensch und Pferd.

Durch praktische Übungen und behutsames Aufbautraining wird dieses Verständnis immer besser, vor allen Dingen durch die freiwillige Mitarbeit des Pferdes. Jeder weiß, dass es sich in einer lockeren, angstfreien Atmosphäre besser lernen lässt. Der Körper ist nicht verspannt, das Pferd wehrt sich nicht.

Von Natur aus ist das Pferd eher ein Angsthase. Gibt es unbekannte oder seiner Meinung nach gefährliche Situationen, ergreift es die Flucht, und zwar so schnell es geht. Beim Reiten soll das natürlich nicht passieren.

Die Ängste müssen durch Training abgebaut werden. Dabei muss das Pferd den Kontakt mit dem Menschen als angenehm empfinden. Spielerisch wird Neues ausprobiert und durch Erfahrung gelernt, dass Furcht unbegründet ist. Diese Sicherheit ist für Mensch und Tier gleich wichtig.

Das Trainingsprogramm für Pferd und Mensch gilt deshalb in erster Linie dem gegenseitigen Kennenlernen und Vertrauen. Erst in zweiter Linie ist es Gymnastik und Vorbereitung auf das Reiten. Geduld, Hartnäckigkeit und Freundlichkeit sind die wichtigsten menschlichen Eigenschaften für diese Aufgabe.

Kann das Pferd den Menschen gut leiden, verzeiht es ihm sogar Fehler und nimmt ihm nichts übel.

Die praktische Arbeit

Die Grundausbildung ist wichtig für junge Pferde, für Pferde, die noch nicht ausgebildet wurden, sowie für ältere Tiere, denen eine Auffrischung – zum Beispiel nach der Weidesaison – gut tut.

Mit etwas Geschick und vielleicht auch Hilfe von Freundinnen und Freunden, die auch Pferde haben, kann man selbst einen „Spielplatz zum Lernen" anlegen. Wenn wenig Platz zur Verfügung steht, kann dazu der Auslauf benutzt oder eine Ecke der Weide abgetrennt werden.

Die Grundausbildung von Pferd und Mensch beginnt zunächst von Auge zu Auge und mit allen Beinen auf der Erde. Erst später finden die Übungen auf dem Pferderücken statt.

Die praktische Arbeit wird in fünf Stufen eingeteilt:

Stufe 1: Grundübungen mit dem Pferd

Stufe 2: Bodenarbeit auf dem Pferdespielplatz

Stufe 3: Vorbereitung auf das Reiten und Longieren des Pferdes

Stufe 4: Reiten ohne Zügel und Steigbügel an der Longe oder auf der Ovalbahn

Stufe 5: Reiten mit Steigbügel und später auch mit Zügel

Noch etwas Grundsätzliches: Jedes Pferd hat seine eigene Persönlichkeit, genau wie wir Menschen auch. Manche sind lebhaft und temperamentvoll, andere eher träge. Einige sind eigenwillig, andere sehr umgänglich. Wieder andere lernen gern, manche haben überhaupt keine Lust dazu. Einige sind ängstlich und schreckhaft, andere kann nichts erschüttern. Ältere Pferde haben vielleicht schlechte Erfahrungen mit Menschen gemacht und reagieren zunächst mit Abwehr. Jedes Verhältnis zwischen Pferd und Mensch ist anders, und jeder muss seinen eigenen Weg finden, um sich mit dem Pferd zu verstehen. Rezepte gibt es dafür nicht. Man sollte sich nach dem „gesunden Menschenverstand" und dem eigenen Gefühl richten. Wenn Fehler passieren, muss man in Ruhe versuchen, sie möglichst schnell zu korrigieren.

Ein weiterer Grundsatz darf auf gar keinen Fall vergessen werden: Niemals die Geduld verlieren und „ausflippen"! Sonst sind alle Anstrengungen umsonst und das Vertrauen hinüber. Und es kostet doppelte Mühe, von vorn anzufangen.

Grundübungen mit dem Pferd

1. Still stehen

Ein Pferd muss öfter still stehen, als ihm lieb ist: zum Beispiel, wenn der Schmied kommt und die Hufe ausschneidet, der Tierarzt etwas untersucht, beim Putzen, Auftrensen, Satteln und Aufsteigen und schließlich beim Hufeauskratzen nach dem Ritt. Grund genug, das Stillstehen zu üben.

Das Pferd hat dazu erst mal überhaupt keine Lust. Von Natur aus ist es ständig in Bewegung. Anbinden lässt es sich auch nicht gern, weil es sich unangenehmen Dingen durch Flucht entziehen möchte. Trotzdem muss es lernen, dass beim Anlegen eines Halfters Gehorsam verlangt wird. Beim Anbinden wird jedes Herumhampeln, Scharren oder Reißen am Strick mit dem Kommando „Steh!" klar und deutlich untersagt. Es sollte aber möglichst nicht zu einer Kraftprobe kommen. Die Stimmung muss eher so sein, dass Stillstehen etwas ganz Selbstverständliches ist. Je nach Temperament des Pferdes kann die Anbindezeit langsam gesteigert werden.

Mit anderen Pferden zusammen lernt es sich oft leichter, besonders wenn ein Tier schon „Stillstehen" kann und die anderen beruhigt. Auch eine angenehme Aussicht ist besser als das Anbinden an einer Mauer oder in einer Ecke. Reden. Loben und Belohnen sind natürlich geeignete Hilfsmittel. Noch zwei „eiserne" Regeln: Nie ein Pferd mit Trense anbinden, und niemals ein Pferd anbinden und andere umherlaufen lassen!

2. Die Gerte

Die ungefähr 1,20 Meter lange Gerte wird in der Ausbildung praktisch als „langer" Arm des Menschen benutzt. Damit wird nicht gestraft, das Pferd darf keine Angst davor haben. Deshalb ist die erste Übung, dem Pferd die Gerte zu zeigen, sie beschnuppern zu lassen und mit ihr den gesamten Körper zu betasten und zu streicheln. Gleichzeitig werden beruhigende Worte gesprochen.

Das Antippen mit der Gerte wird etwa dazu benutzt, dem Pferd zu zeigen, dass es durch Berühren der Beine Wendungen ausführen oder seitwärts gehen soll. Die Gerte dient auch als „Abstandhalter" beim Geradeausführen.

Jagdgerte

Gerten für Longierarbeiten

3. Führen

Auch das Führen will gelernt sein. Geht das Pferd locker und ruhig geradeaus neben dem Menschen her? Oder drängelt es und schiebt in Richtung desjenigen, der es führt? Dann muss man das Pferd mit der Gerte auf Abstand halten. Der Mensch geht am besten in Höhe des Pferdekopfes. Dort kann er am besten auf das Pferd einwirken. Beim Anhalten wird das Kommando „Steh!", „Stopp!" oder „Hoo!" gegeben. Eventuell wird es durch ein leichtes und gleichzeitiges Rucken am Halfter oder durch Antippen mit der Gerte vor der Brust verstärkt.

Auf die gleiche Weise klappt auch das Abbiegen am besten. Durch das Gehen am Kopf des Tieres können wir es gut nach rechts oder links lenken. Klappt das Anhalten und Führen im Schritt, kann das Traben an der Führleine geübt werden.

4. Rückwärts gehen

Freiwillig geht das Pferd nur dann rückwärts, wenn es bei einem Kampf mit Artgenossen unterlegen ist und zurückweicht. Dieses Verhalten nutzen wir aus, wenn wir unser Pferd bestrafen wollen (siehe „Strafen"). Andererseits ist das Rückwärtsgehen eine Übung, bei der die ganze Aufmerksamkeit des Pferdes gefordert und das Vertrauen zwischen Mensch und Tier gefestigt wird. Das Pferd erkennt sofort, ob es sich um Training oder um eine Bestrafung handelt.

Wie geht das Pferd rückwärts?

Wir stehen vor dem Pferd, legen eine Hand vor die Brust des Tieres und drücken mit dem gespreizten Daumen direkt auf den Schulterknochen. Gleichzeitig geben wir dem Pferd das Kommando „Zurück!". So „schieben" wir das Pferd langsam mit lobenden Worten rückwärts. Dabei lässt man den Halfterstrick etwas nach, weil das Pferd beim Rückwärtsgehen den Kopf hebt, um das Gewicht mehr auf die Hinterbeine zu verlagern.

Strafen

„Nähere dich einem Pferd nie im Zorn, denn Ärger macht uns blind für die Folgen und lässt uns tun, was wir später bereuen" (Xenophon, 430 bis 355 v. Chr.; griech. Schriftsteller, schrieb die älteste bekannte Reitlehre).

„Ni azúcar ni espuela cada dîa!" („Weder Zucker noch Sporen jeden Tag!" – spanisches Sprichwort über Pferdeerziehung).

„Vor allem anderen muss der Reiter begreifen lernen, dass er niemals Fehler beim Pferd, sondern bei sich selbst suchen muss" (Fredy Knie vom Zirkus Knie).

Strafen aus Wut oder bei den kleinsten Anlässen zerstört das Vertrauen zwischen Mensch und Pferd. Genauso schafft das Verwöhnen der Tiere Probleme. Aus Gedankenlosigkeit und Unkenntnis werden oft sinnlose und unnötige Machtkämpfe zwischen Pferd und Reiter ausgetragen.

Wenn Pferde vor etwas Angst haben, verstärkt Bestrafung die Angst nur. So sind die meisten Strafen Ausdruck der Hilflosigkeit von Menschen, die zu wenig vom Wesen des Pferdes verstehen.

Grundsätzlich sollte man versuchen, Situationen zu vermeiden, die auf eine Bestrafung hinauslaufen. Viel Beschäftigung mit dem Pferd und eine gute Grundausbildung von Pferd und Reiter sind dabei eine große Hilfe.

Trotzdem gibt es immer wieder kleinere oder größere Auseinandersetzungen, die man nicht durchgehen lassen kann.

Aber auch in solchen Fällen muss nicht geprügelt oder herumgeschrien werden. Es gibt einen sanften Strafen-Katalog, der meist zum Erfolg führt.

Da Pferde oft belohnt werden, ist bereits das Weglassen des „Leckerchens" eine leichte Bestrafung, ebenso die Stimme, die tadelt und zurückweist. Eine stärkere Form der Strafe ist ein kurzes Antippen mit dem Knauf der Gerte in Verbindung mit einer energischen Stimme. Die stärkste Strafe ist das Rückwärtsrichten des Pferdes, weil es als Niederlage empfunden wird (siehe „Grundübungen mit dem Pferd – Rückwärts gehen").

Die Bodenarbeit auf dem Pferdespielplatz

Bei freier Pferdehaltung bewegen sich die Tiere meist nur im Schritt. Gangarten wie Trab oder Galopp sind hier eher die Ausnahme.

Beim Reiten jedoch wird öfter getrabt und galoppiert. Dabei werden Sehnen, Muskeln und Gelenke, aber auch Herz und Lunge stärker beansprucht und belastet. Sie müssen trainiert werden, damit keine Erkrankungen und Körperschäden auftreten. Außerdem kommen beim Geländereiten oft ungewohnte oder überraschende Eindrücke auf das Pferd zu. Da wehen auf einem Feld Plastiksäcke umher, große runde Strohballen lagern am Weg, Brücken aus Holz müssen überquert werden, oder Rehe brechen plötzlich aus dem Unterholz. Vor all diesen Dingen muss ein Pferd die Angst verlieren. Natürlich kann man nicht alle Situationen vorher üben, das meiste passiert unvorhergesehen. Deshalb muss das Pferd grundsätzlich lernen, Neues gelassen und ruhig hinzunehmen und Vertrauen zu seinem Reiter zu haben.

Bodenarbeit heißt, dass Mensch und Tier gemeinsam zu Fuß an verschiedenen Geräten und Gegenständen üben. Dabei werden wichtige Dinge trainiert. Bodenarbeit dient zum einen als Gymnastik, um den Körper gelenkig und geschmeidig zu machen. Zum anderen werden Ängste und Unruhe abgebaut. Alles zusammen kann man als Vorschule zum Reiten bezeichnen.

Auf dem Pferdespielplatz, der hier beschrieben wird, wechseln deshalb Grundübungen zur Aufmerksamkeit, körperliche Bewegungen und „Mutproben" im Rundkurs ab.

Die Pferde sollen an dieser Arbeit Interesse zeigen und Spaß haben. Das heißt, sie bewegen sich spielerisch und dennoch konzentriert. So führen sie etwa fast unbemerkt Bewegungen aus, die Pferde normalerweise als gefährlich oder unangenehm empfinden. Der Mensch übernimmt zwar die Führung, bleibt dabei aber Partner des Tieres. Beide werden zu einem Team, das gemeinsam etwas bewältigt. Dadurch entsteht das nötige Vertrauen.

Der Mensch muss ebenso locker, gelassen, ruhig und aufmerksam sein, damit die Arbeit erfolgreich ist. Er muss viel sprechen, zeigen, loben, aufmuntern, Geduld aufbringen und dem Pferd Zeit lassen. Sobald Zwang oder Stress entsteht, sollte man das Training abbrechen und ein andermal weitermachen.

Dieser „Spielplatz" zeigt nur einige Übungsbeispiele. Jeder kann eigene Ideen entwickeln oder die Aufgaben auf seine Bedürfnisse und Möglichkeiten zuschneiden.

Die hier aufgeführten Geräte werden gern benutzt und haben sich als praktisch erwiesen. Beim Lernen gehen wir behutsam vor. Das Pferd darf nicht überbeansprucht werden. Lernwilligkeit und Temperament des Tieres bestimmen die Dauer und Anzahl der Übungen.

Hat das Pferd keine Lust mehr, sollte man sich überlegen, das Training zu beenden. Zum Abschluss kann man noch eine leichte Übung durchführen oder das Lieblingsgerät des Pferdes benutzen.

Der Schwierigkeitsgrad wird langsam gesteigert. Dabei werden auch die Geräte verändert. Das hat außerdem noch den Sinn, dass der „Spielplatz" nicht langweilig wird und immer neue Eindrücke auf das Pferd zukommen.

Bei den Übungen sollten leichte und schwere Aufgaben einander abwechseln, damit die Pferde zwischendurch immer wieder Zeit haben, sich zu entspannen und zu erholen.

Der Rundkurs

Beim Rundkurs sind insgesamt zehn Stationen vorgesehen. Wünschenswert wäre zusätzlich die Möglichkeit, durchs Wasser zu waten. Aber nur selten befindet sich neben dem Übungsplatz ein Bach, und das Anlegen eines künstlichen Teiches ist sehr aufwändig und teuer.

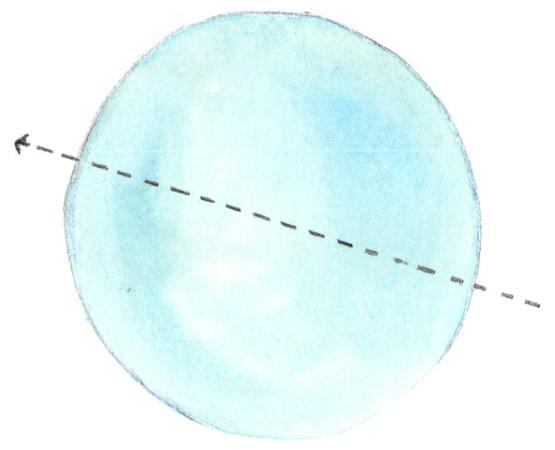

Stangen

Wir legen sechs Holzstangen in einem Meter Abstand voneinander in eine Reihe. Dann führen wir das Pferd im Schritt darüber.

Zuvor senken wir gemeinsam mit dem Tier den Kopf aufmerksam in die Richtung der Hindernisse, damit das Pferd die Abstände einschätzen lernt und die Beine richtig hochnimmt. Später kann man das Pferd auch über die Stangen traben lassen.

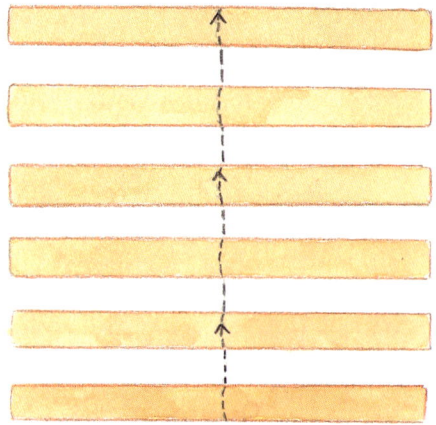

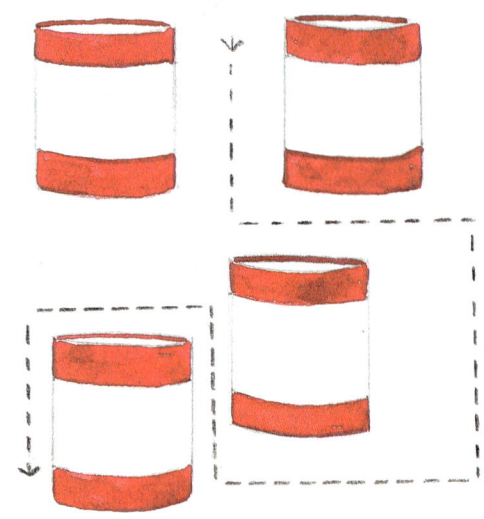

Tonnenslalom

Mehrere Blechtonnen werden in verschieden großem Abstand hintereinander aufgestellt. Das Pferd wird wie bei einem Slalom hindurchgeführt. Diese Übung macht die Bewegungen geschmeidiger, das Pferd „biegt" sich.

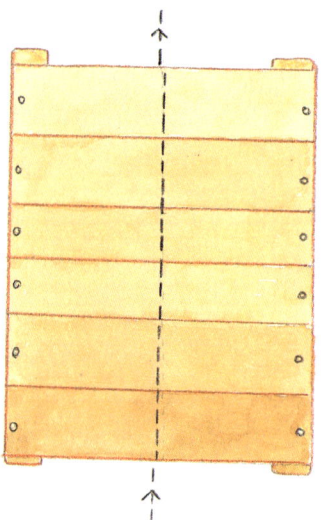

Hohle Brücke

Auf zwei Kanthölzer werden dicke Bretter genagelt und längs auf die Erde gelegt. Beim Darüberlaufen entsteht ein hohles Hufgetrappel wie beim Überqueren einer richtigen Holzbrücke. Pferde erschrecken dabei leicht. Sie sollen so die Angst davor verlieren.

Irrgarten

Zwei etwa vier Meter lange Rundhölzer bilden die äußeren Seiten. Dazwischen werden vier Zweimeterstangen quer so eingepasst, dass abwechselnd Durchgänge entstehen. Vorsichtig und langsam wird das Pferd hindurchgeführt. Es muss sich von rechts nach links und umgekehrt biegen, damit es durch die Engpässe kommt.

Falls es gegen eine der Stangen tritt und diese wegrollt, wiederholt man die Übung. Auf keinen Fall darf man das Pferd bestrafen oder mit ihm schimpfen. Diese Übung erfordert von Pferd und Mensch sehr viel Geduld.

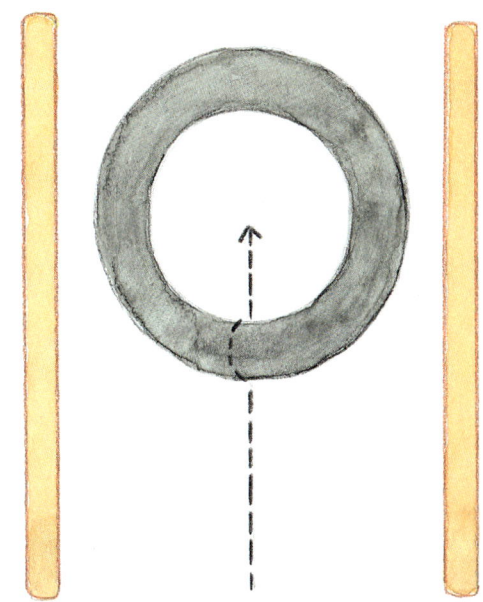

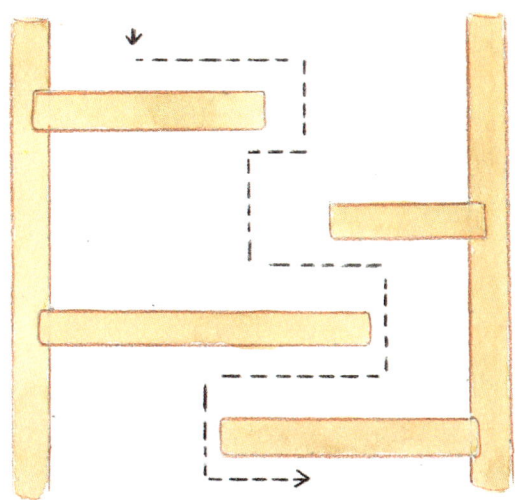

Baumstamm

Hierbei handelt es sich um eine leichte Übung. Ein Stück Baumstamm von einem Meter Länge wird in die Bahn gelegt und soll vom Pferd übersprungen werden, das am Strick geführt wird.

Autoreifen

Hierzu werden vier Autoreifen ohne Felgen benötigt.

Es wird ein Reifen genommen und zwischen zwei lange Stangen gelegt. Durch diese Straße wird das Pferd bis zum Reifen geführt, den es zunächst beschnuppern soll. Dann versucht man vorsichtig und durch gutes Zureden, den Vorderfuß in den Reifen zu stellen. Hat dies geklappt, werden die anderen Reifen so gelegt, dass das Pferd schließlich mit allen vier Beinen in den Öffnungen steht.

Diese Aufgabe hat zugleich einen praktischen Sinn. Müssen die Füße bei Verletzung oder Krankheit zur Kühlung in Wassereimer gestellt werden, ist das bei einem so trainierten Pferd kein Problem.

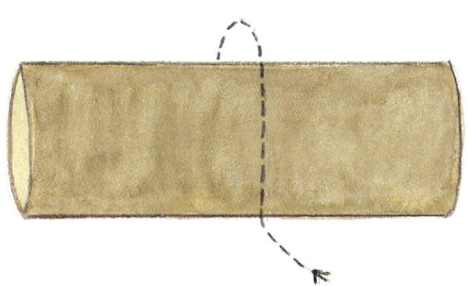

Winkel

Von vier Stangen werden je zwei über Eck gelegt, sodass ein abgewinkelter Durchgang von ungefähr einem Meter Breite entsteht. Man stellt das Pferd so, dass es mit den Vorderbeinen zwischen den Stangen, mit den Hinterbeinen außen steht.

Wir stehen in Kopfhöhe neben dem Pferd und versuchen, es seitlich zu bewegen. Wir unterstützen dies durch Anlegen der Gerte an der Körperseite. Durch seitliche Schritte bewegen wir uns in die gleiche Richtung.

Auch diese Übung erfordert viel Geduld.

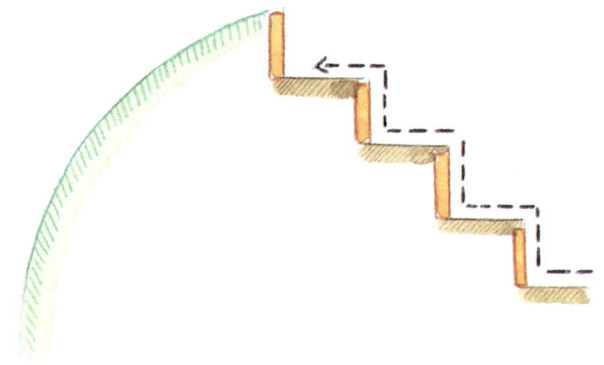

Treppe

Von einem Erdhügel werden Stufen abgestochen und so befestigt, dass sie nicht zertreten werden. Dann werden die Pferde zunächst mit, später ohne Führstrick hinübergeführt. Es ist ein Training für das Reiten im Gelände, um sicher Steigungen und Bodenunebenheiten zu überwinden.

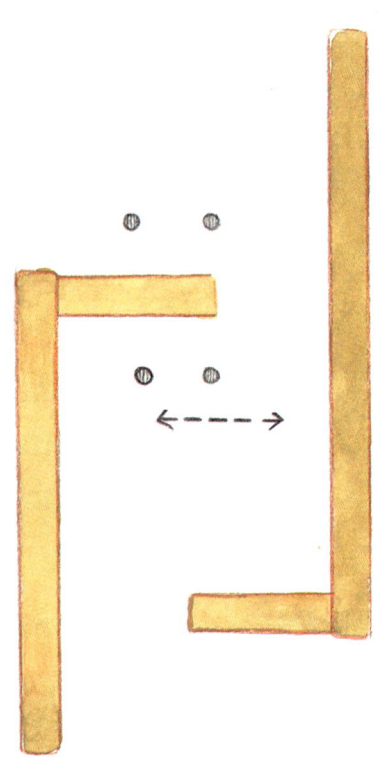

Wippe

Hierbei handelt es sich um eine wacklige Angelegenheit! Bei Durchführung der Übung sollte das Pferd schon genügend Vertrauen zu dem Menschen haben, der es an dieses Gerät führt. Breite Bohlen liegen über einem Rundholz. Überschreitet das Pferd die Mitte, kippt die Wippe nach unten. Je nach Ängstlichkeit des Pferdes wird behutsam und langsam ausbalanciert, bis es keine Probleme mehr gibt.

Plastikplane

Eine Plastikplane wird auf der Erde ausgebreitet und an den Ecken mit Steinen beschwert. Das Pferd soll die Plane erst beriechen und dann darüber gehen.

Manche Pferde haben damit überhaupt keine Probleme, andere geraten in Panik. Gut wäre in so einem Fall, ein furchtloses Pferd vorwegzuführen, um damit den Artgenossen von der Ungefährlichkeit zu überzeugen.

Veränderungen

Einige Stationen wie Hohle Brücke, Autoreifen, Treppe oder Wippe sind gleich bleibende Aufgaben, die je nach Lust und Laune oder zur Auffrischung zwischendurch geübt werden können.

Bei den anderen Übungen kann man sich Abänderungen oder eine Steigerung des Schwierigkeitsgrads überlegen. Einige Vorschläge:

Stangenwald

Die Stangen werden an einer Seite auf Strohballen gelegt, und das Pferd muss über die schräg gestellten Hölzer laufen.

Hürdenlauf

Die Stangen liegen gerade auf Strohballen und bilden gleichmäßig hohe Hindernisse.

Tonnen

Die Blechtonnen werden zu einer Gasse zusammengestellt oder kurvenförmig angeordnet.

Irrgarten

Das Labyrinth wird um einige Stangen vergrößert. Die Durchgänge können noch enger angelegt werden, je nach Beweglichkeit und Können der Pferde.

Plastik

Zusätzlich zur Plane können zum Beispiel Plastiktüten an Stangen gebunden werden, was flatternde Geräusche im Wind hervorruft. Man kann auch ein „Plastiktor" bauen, sodass das Pferd durch einen Vorhang aus Plastikstreifen gehen muss.

Werden alle Übungen beherrscht, kann man sie später auch auf dem Pferd durchreiten.

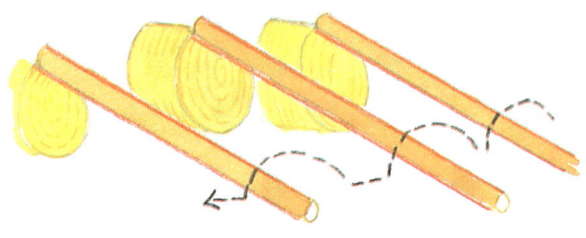

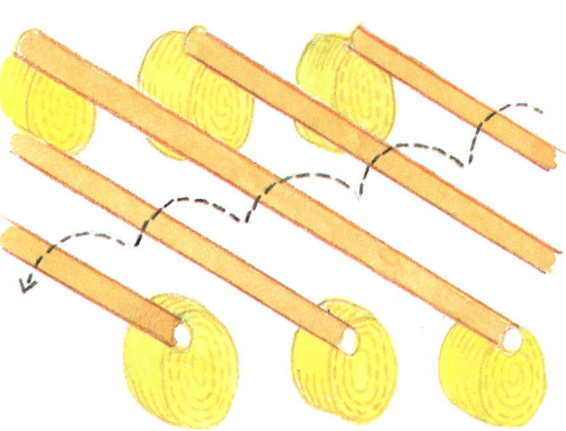

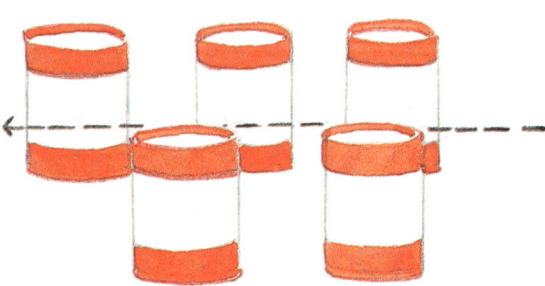

Im Sattel

Vorbereitung auf das Reiten und Longieren des Pferdes

Die folgenden Vorschläge gelten für Reitanfänger und junge Pferde, die aufs Gelände vorbereitet werden.

Die Grundlagen für das Reiten sind: richtiger Sitz, richtiger Sitz in den Grundgangarten Schritt, Trab und Galopp, richtige Zügelhaltung und Hilfengebung mit dem Körper, um die Bewegungen des Pferdes zu beeinflussen. Schließlich muss man das Pferd noch zum Stehen bringen können.

All das lernt man normalerweise in einer Reitschule. Dort ist die Ausbildung aber meist auf die angestrebte Reitweise ausgerichtet wie „Dressur" oder „Springen". Seltener gibt es Kurse für Western- oder Geländereiten als Freizeitsport.

Bevor man Reitunterricht nimmt, sollte man sich also genau informieren, was gelehrt wird und wozu man es einsetzen kann. Selbstverständlich sollte auch sein: Man schaut sich vorher an, wie die im Unterricht eingesetzten Schulpferde untergebracht sind und leben. Stehen sie den Rest des Tages in Gitterboxen, oder haben sie Kontakt zu den Pferdenachbarn? Haben sie einen Auslauf nach draußen, kommen sie nachts oder an bestimmten Tagen auf die Weide? Eine Reitschule, die ihre Tiere gut hält, hat die Voraussetzungen für einen guten Unterricht.

Die Grundlage für das Reiten im Gelände ist der „leichte" Sitz. Durch die Sitzhaltung des Reiters wird der Pferderücken weitgehend entlastet. Der Schwerpunkt des Reiters liegt in der Hüfte, und mit der Hüfte federt er auch ab. Das gewährleistet eine größtmögliche Rückenfreiheit für das Pferd und die Anpassung des Reiters an die Bewegungen des Tieres.

In der „Grundschule" für das Geländereiten wird der Sitz zunächst auf einem Holzstamm geübt. Auf dem harten Material spürt man deutlich beide Gesäßknochen, mit denen man später im Sattel durch Gewichtsverlagerung Hilfen für das Pferd gibt. Danach wird das Gleiche im Sattel auf dem Stamm geübt.

Zwischendurch kann ein wenig Gymnastik nicht schaden: Wir stehen mit beiden Füßen fest auf dem Boden, beugen den Oberkörper leicht nach vorn und gehen in die Hocke – bis etwa in Sitzhöhe. Dies ist der so genannte „leichte" Sitz, der von der Hüfte ausbalanciert wird. Auch das Abfedern kann so trainiert werden.

Darüber hinaus wird das Longieren des Pferdes geübt. Beim Longieren lässt man ein Pferd an einer Leine im Kreis um sich herumlaufen. Statt Halfter kann das Pferd einen so genannten Kappzaum tragen.

Hat das Pferd noch nicht gelernt, was genau es tun soll, und ist es noch nicht an das Longieren gewöhnt, lässt man es am besten zunächst mit dem normalen Führstrick auf „Tuchfühlung" einige Runden drehen. Ein Helfer kann zu Beginn mitgehen und es am Kopf führen. Vom Longierer werden die Kommandos „Schritt!" oder „Halt!", später auch „Trab!" gerufen. Dabei dient auch hier die Gerte als „verlängerter Arm". Wird sie vor das Pferd gehalten, bedeutet dies „Langsamer!" oder „Anhalten!". Gleichzeitig ruft der Longierer das Kommando. Hält man die Gerte hinter das Pferd, so bedeutet dies, dass das Pferd schneller gehen soll.

Hat das Pferd verstanden, was von ihm verlangt wird, kann man es mit der längeren Longierleine größere Runden laufen lassen, auch mit aufgelegtem Sattel und im Galopp.

Die Ausbildung an der Longe ist dann erfolgreich, wenn das Pferd alle drei Gangarten auf Zuruf flüssig läuft und gelöst und locker wirkt.

Reiten an der Longe oder in der Ovalbahn

Endlich wird geritten – zunächst allerdings noch an der Longe oder auf der Rundbahn ohne Steigbügel und Zügel. So wird der richtige Sitz am besten geübt. Die Reitlehrerin oder der Reitlehrer hält die Longe und ruft die Kommandos. Erst wenn das Sitzen in allen drei Gangarten klappt, folgt die nächste Lektion. Jetzt wird mit Steigbügeln geübt, und es ist dabei die Aufgabe des Reiters, dem Pferd durch Hilfen wie Gewichtsverlagerung, Druck mit den Schenkeln und Ziehen am Zügel zu zeigen, was es machen soll.

Damit sind die Grundlagen geschaffen für die ersten Reitstunden im Gelände.

Trotz der Vorbereitungen und des Trainings auf dem Pferdespielplatz ist das Reiten im Gelände für ungeübte Pferde etwas Neues. Daher sollten bei den Ausritten möglichst ältere, erfahrene Pferde dabei sein, die die nötige Ruhe ausstrahlen. So fällt es den doch etwas aufgeregten Anfängerpferden leichter, das vorher Trainierte auch in die Tat umzusetzen.

Langsam wird die Ausdauer der Pferde gesteigert. Vor allen Dingen darf nicht zu viel auf einmal verlangt werden. Längere Strecken im Schritttempo erhöhen die Sicherheit und Ruhe der Pferde.

Ein Geheimnis, das gar keins ist!

Pferde zu verstehen: Daraus machen viele ein großes Geheimnis. Es gibt aber kein Geheimrezept oder Tricks, die alles von allein regeln!

Wie zwischen allen Lebewesen müssen sich Verständnis, Achtung und Freundschaft langsam entwickeln. Ein Pferd, das vom Menschen zum Gehorsam gezwungen wird, kann ihm nicht vertrauen.

Vertrauen ist aber die Grundlage für ein gutes Verhältnis zwischen Mensch und Pferd. Um das zu erreichen, sind drei Grundsätze zu beachten:

1. Zeige Verständnis, und sei bereit, zu lernen!

Echte Tierliebe zeigt sich vor allem darin, dass man ein Pferd als ein Lebewesen achtet, das anders lebt, andere Gefühle und Wünsche hat als wir Menschen. Wenn wir ein Pferd streicheln, es loben und sein Fell knubbeln, wird es unsere Gegenwart als angenehm empfinden. Das Pferd wird seine angeborene Scheu überwinden und Sicherheit verspüren. Jetzt wird es auch seine Gefühle zeigen, und wir können beginnen, die „Pferdesprache" zu erlernen.

2. Sei geduldig, freundlich und sanft!

Die Verständigung zwischen Mensch und Pferd klappt am besten, wenn man ruhig und gelassen miteinander umgeht. Ein Pferd mag nicht dauernd „beherrscht" oder drangsaliert werden; es muss freiwillig auf unsere „Hilfen" eingehen. Wir beachten, wie das Pferd darauf reagiert. Kommt es zu Missverständnissen, so liegt das meist daran, dass das Pferd nicht verstanden hat, was wir von ihm wollen. Je besser die Verständigung funktioniert, desto einfacher ist die Zusammenarbeit. Ein Pferd, das freiwillig eine Übung ausführt und dafür gelobt wird, empfindet das Training als angenehm. Wenn es nur herumgezerrt wird, ohne zu wissen, warum, entwickeln sich Widerwillen, Angst und Misstrauen.

Alle Übungen und jedes Training sollten schrittweise, abwechslungsreich und langsam aufgebaut werden. Auch Überforderung kann das Vertrauen zum Menschen erschüttern.

3. Bei aller Freundlichkeit: Setz dich beharrlich und energisch durch!

Wenn das Pferd seine Ausbildung als angenehm und interessant empfindet, ist es eher bereit, auf die Anweisungen des Reiters einzugehen.

Wir sollten von unserem Pferd nur jene Übungen verlangen, die es auch wirklich ausführen kann und bei denen wir die Geduld und Zeit aufbringen, um sie durchzusetzen. Wir wollen reiten und bestimmen, was gemacht wird. Doch wir müssen die Anweisungen freundlich und sanft, aber dennoch energisch und beharrlich durchsetzen.

Kraftproben sollten wir grundsätzlich aus dem Weg gehen. Wenn nämlich das Pferd seinen Kopf durchsetzt, fangen die Probleme erst richtig an. Strafen sollten dabei möglichst vermieden werden. Sie verstärken nur die Angst des Pferdes, erzeugen Nervosität und Widersetzlichkeit. Auch sollten bestimmte Übungen nicht endlos wiederholt werden. Dadurch lernt ein Pferd nicht besser oder schneller.

Der Sattel

Die wichtigste Aufgabe eines Sattels: Er schützt die Wirbelsäule des Pferdes vor Belastung und verteilt das Gewicht des Reiters gleichmäßig. Deshalb muss er genau passen. Die Höhe und Länge des Widerristes, die Muskeln der Schulter und die Rückenform sind zu beachten. Der Sattel darf das Schulterblatt nicht einengen und nirgendwo drücken oder scheuern.

Ein nicht richtig sitzender Sattel erzeugt nicht nur wunde Stellen, sondern auch Verspannungen und Schmerzen im Rücken. Deshalb müssen Passform und Polsterung des Sattels genau überprüft werden. Wenn man einem Pferd mit Druck über die Sattellage streicht und es dabei nach hinten ausweicht und wegknickt, hat es bereits Rückenprobleme.

Die verschiedenen Sättel sind auf bestimmte Reitweisen oder -stile zugeschnitten.

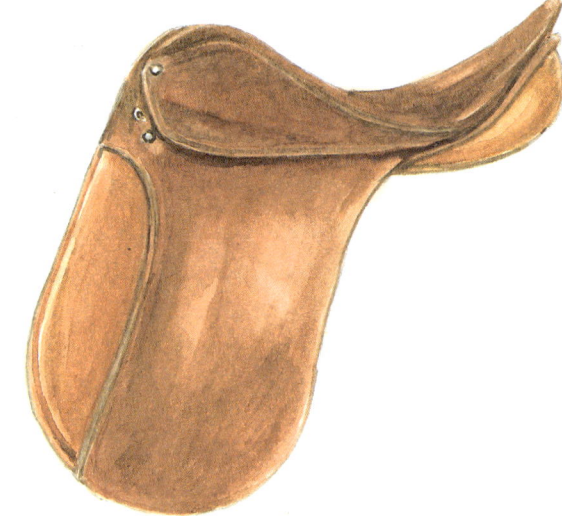

Dressursattel

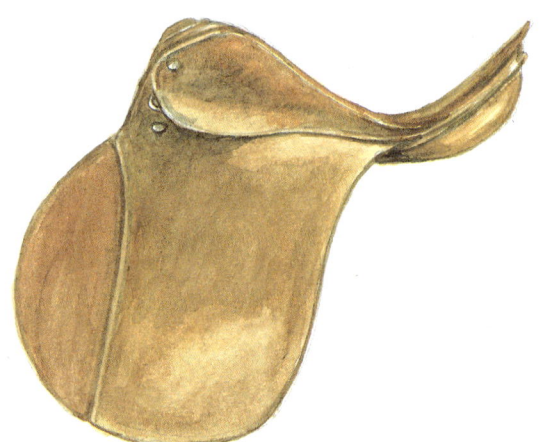

Vielseitigkeitssattel

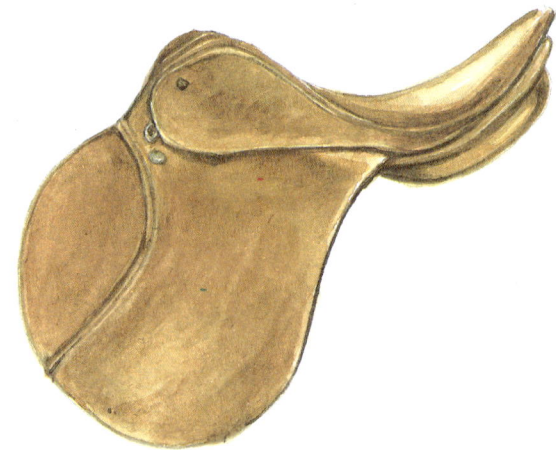

Springsattel

Rennsattel

Showsattel

Westernsattel

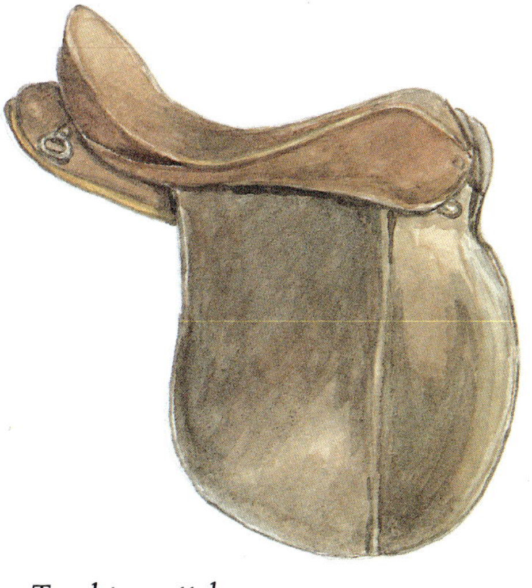

Trachtensattel

155

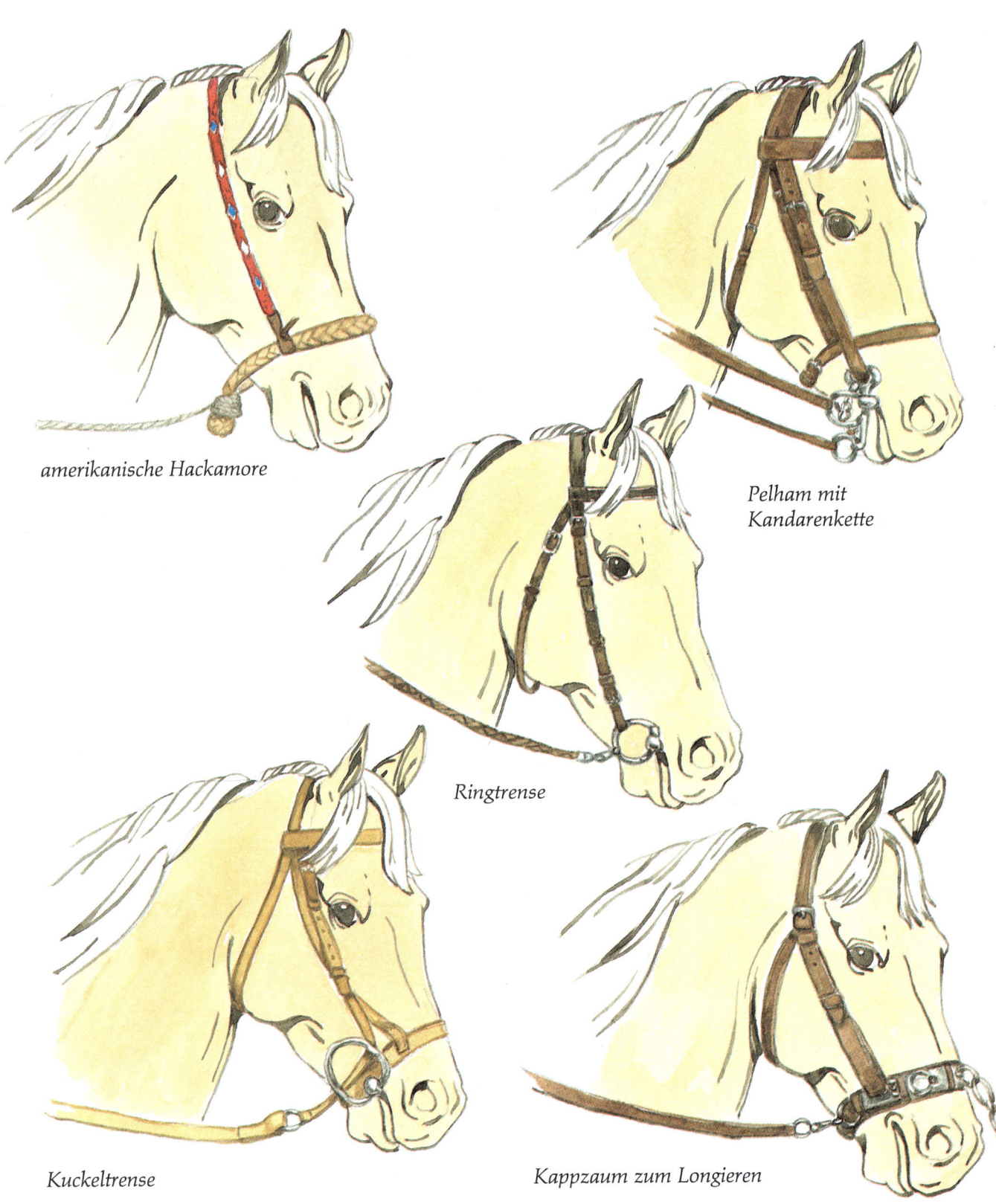

amerikanische Hackamore

Pelham mit
Kandarenkette

Ringtrense

Kuckeltrense

Kappzaum zum Longieren

156

Die Zäumungen

Die Zäumung besteht aus drei Teilen: Kopfstück, Gebiss und Zügel. Mit den Händen wirkt der Reiter über die Zügel und das Gebiss auf das Pferd ein. Ein ständiger, ganz leichter Kontakt zwischen Hand und Pferdemaul übermittelt die Kommandos. Reagiert das Pferd, muss sofort jeglicher Druck unterlassen werden.

Man kann die Wirkung auf das Pferdemaul durch eine Übung selbst ausprobieren. Drei Personen sind dazu nötig. Eine hält den Kopfteil senkrecht in Brusthöhe, die andere hakt die kleinen Finger um die Trensenringe des Gebisses, und die dritte Person nimmt die Zügel in die Hand. Beim Anziehen der Zügel spürt man genau den Druck, der sonst auf das Pferdemaul ausgeübt würde.

Wenn die Zügel nur ganz leicht angenommen und gezupft werden und immer wieder nachgelassen wird, sind hingegen die Auswirkungen auf die Finger nicht unangenehm, Diesen Test sollte jeder machen, ehe er aufs Pferd steigt. In diesem Sinne ist auch der Spruch „Das Gebiss ist immer so sanft oder so scharf wie die Hand am Zügel" zu verstehen. Welches Gebiss man für sein Pferd wählt, hängt davon ab, ob man selbst und das Pferd damit zurechtkommen.

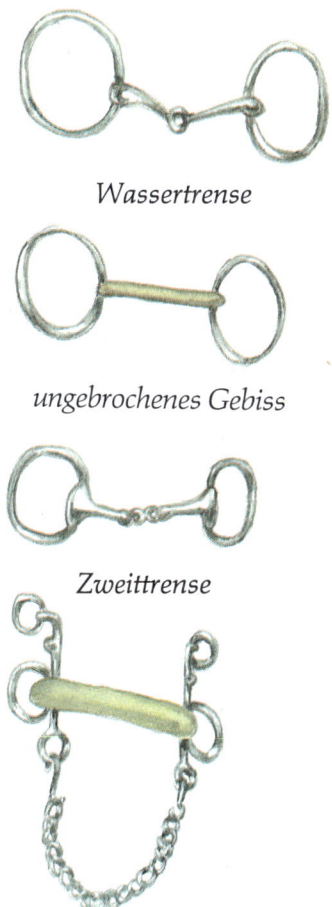

Wassertrense

ungebrochenes Gebiss

Zweittrense

Pelhamkandare mit Gummimundstück

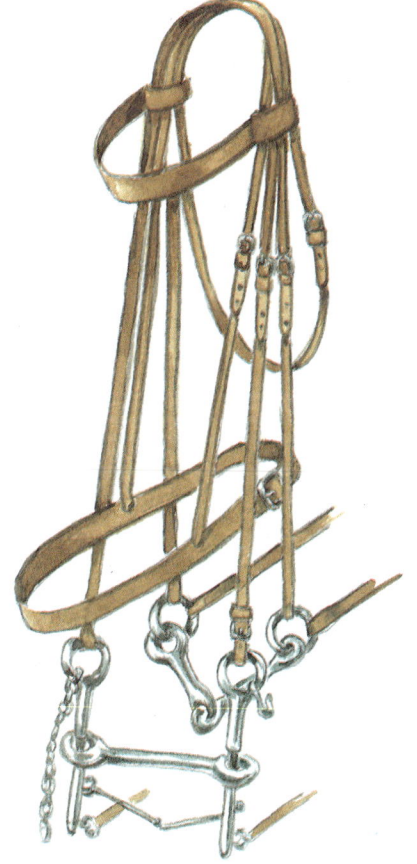

Halfter mit Stirnriemen, Backenstücken, Gebiss

Marina und das Reiterfest

Manou trottet langsam den Feldweg entlang.

„Du hast aber heute keine Lust zum Reiten, was?", meint Marina und fügt hinzu: „Versteh ich ja, dass du lieber bei den anderen auf der Weide wärst." Sie reiten gemächlich auf eine Wegkreuzung zu.

„Du musst dich aber mal richtig bewegen", fängt Marina wieder an. „Sonst wirst du dicker und immer dicker. Das geht nicht!"

Manou spitzt zwar die Ohren und dreht sie hin und wieder nach hinten, aber einverstanden ist er nicht so ganz. An der Kreuzung will er am liebsten rechts abbiegen. Er weiß, dass dieser Weg geradewegs wieder nach Hause führt.

„Nee, nee." Marina muss lachen. „Hier rüber, in den Wald, du Faulpelz!"

Im Wald ist es angenehm kühl. Marina summt leise vor sich hin. Plötzlich merkt sie, dass Manous Schritt länger und lockerer wird. „Na siehste", lobt sie ihn und tätschelt seinen Hals. Auf dem weichen Waldboden lässt es sich gut reiten.

„Komm, Trab!" Bei dem Kommando legt Manou los und stoppt erst ab, als Marina beruhigend „Langsam!" und „Schritt!" ruft.

„Eigentlich brauche ich bei dir gar keine Trense, wenn du so gut auf Stimme hörst." Marina überlegt. „Aber sicher ist sicher. Vielleicht kaufe ich dir nächste Woche ein Ledergebiss – ist bestimmt angenehmer als Eisen im Maul."

Marina schaut sich um. „Wir reiten jetzt ein Stück am Wald entlang, rüber zur Grillhütte und dann zum Bach. Da kannst du eine Pause machen und fressen."

Am Waldrand werden sie von Mückenschwärmen überfallen.

„Schnell weg hier", murmelt Marina, und sie galoppieren los.

Als sie auf der Höhe abbiegen und die Grillhütte in Sicht kommt, hören sie Stimmen und ein Pferd wiehern.

An der Grillhütte gucken zwei Mädchen neugierig um die Ecke, und an einen Balken sind zwei Island-Ponys angebunden.

Marina lässt Manou Schritt gehen.

An der Hütte angekommen, hält sie Manou an.

„Hallo", ruft Marina.

„Grüß dich", sagen die beiden Mädchen.

Eins der Mädchen kennt Marina vom Sehen. Sie geht in dieselbe Schule wie sie.

„Wenn du Lust hast, steig ab, und mach mit uns Picknick. Wir fangen gerade an", sagt das Mädchen und zeigt auf den Tisch. „Wir haben ein paar Brötchen und genug zum Trinken mitgebracht."

„Gern." Marina freut sich und schwingt sich aus dem Sattel. Manou will die beiden anderen Pferde begrüßen. „Lieber nicht", bestimmt Marina und führt ihn auf die andere Seite. Sie schnallt das Gebiss aus dem Halfter und bindet Manou an einen Holzbalken der Hütte. „Sei schön brav", ermahnt sie ihn. „Du kannst die beiden ja von hier aus sehen."

Dann geht sie zu den beiden Mädchen in die Hütte. „Ich bin Marina", stellt sie sich vor.

Die beiden Mädchen heißen Kathrin und Laura. Als sie alle zusammen essen, erfährt Marina, dass die beiden ihre Pferde ganz in der Nähe, auf dem Kesperhof, stehen haben.

„Wir könnten doch ab und zu mal zusammen ausreiten", schlägt Marina vor.

„Klar", nuschelt Kathrin mit vollem Mund. „Wir sind doch in derselben Schule. Da können wir uns verabreden."

„Kommst du noch ein Stück mit?", fragt Laura, als sie kurze Zeit später ihre Sachen zusammenräumen.

„Bis zum Bach vielleicht", überlegt Marina. „Dann reite ich in meine Richtung."

Sie schwingen sich auf ihre Pferde.

Laura schaut auf Manou. „Das ist aber ein Brocken!"

Marina zuckt mit den Schultern. „Fressen ist nun mal sein Hobby", lacht sie.

Als die beiden Isländer dann im Tölt loslaufen, muss Manou langsam galoppieren, damit er ihnen folgen kann.

Vor dem Bach erstreckt sich eine lange Wiese. Laura dreht sich um. „Wollen wir mal richtig galoppieren, oder schafft das der Dicke nicht?"

„Du willst uns wohl beleidigen", sagt Marina, als sie aufgeschlossen haben.

Kaum ist Manou auf der Wiese, rast er los. Unterwegs macht er sogar noch einen Bocksprung. Diesmal können die Isländer

nicht mithalten. Als sie atemlos am Ende der Wiese ankommen, sagt Kathrin: „Mensch, der läuft ja schneller als ein Schwein!"

Marina muss lachen. „Ja, wenn er erst mal ins Rollen kommt."

„Tschüss!", rufen sie dann einander zum Abschied zu.

Auf dem Rückweg meint Marina zu Manou: „Jetzt hab ich dich um deine Fresspause betrogen. Aber dafür haben wir Gesellschaft zum Ausreiten gefunden."

Eine Stunde später wälzt sich Manou grunzend und prustend auf seiner Weide.

Am nächsten Tag ist Samstag. Die Sonne brennt heiß. Marina und ihre Freundin Carola besuchen die Pferde auf der Weide. Als sie durchs Gatter klettern, schaut ihnen Manou aufmerksam entgegen. „Ich habe kein Halfter dabei", ruft Marina. „Heute hast du frei!"

Die beiden Mädchen legen sich unter den Walnussbaum ins Gras.

„Eigentlich ist das ganz schön ungerecht", murmelt Marina und guckt hoch in die Äste des Baumes.

„Verstehe ich nicht", meint Carola, zupft einen Halm ab und kaut darauf herum. „Oh, schmeckt richtig süß."

„Na ja", sagt Marina, setzt sich mit einem Schwung auf und verschränkt die Arme vor den Knien. „Ich bestimme über Manou, wie ich will! Wenn ich jetzt reiten wollte, müsste er mit. Ich könnte ihn auch in einen Stall stecken anstatt auf die Weide. Wir haben ihn gekauft, ohne zu wissen, ob er überhaupt da wegwollte ..."

„Hättest ihn eben fragen müssen", grinst Carola.

Marina kann darüber nicht lachen und runzelt ärgerlich die Stirn. „Du verstehst aber auch gar nichts", sagt sie.

„Für Tiere gibt es nun mal keine Mitbestimmung", meint Carola. „Dann darfst du eben kein Pferd halten und auch nicht reiten. Ist doch klar, oder?"

Marina ist nachdenklich geworden.

„Na, nun komm!" Carola stupst Marina in die Seite. „Du kannst doch nicht mehr tun, als es deinem Pferd so angenehm wie möglich zu machen. Außerdem ... Vielleicht sind die Pferde ja zufrieden damit. Schließlich sorgst du dafür, dass sie genügend Futter bekommen, wenn sie krank sind, wird ein Tierarzt geholt, und in der freien Natur hätten sie auch noch Feinde ... Jedenfalls früher", verbessert sich Carola.

Marina überlegt. „Ich weiß nicht."

Aber Carola ist jetzt richtig in Fahrt. „Ist doch logisch. Du machst praktisch mit deinem Pferd einen Vertrag. Du sorgst für Manou, und dafür lässt er dich reiten."

Marina verzieht das Gesicht. „Immer nur reiten ist doch für ihn auch langweilig."

„Dann musst du mal etwas Abwechslung in sein Leben bringen", lacht Carola. „Richtig was losmachen. Zum Beispiel ein Reiterfest mit vielen Pferden und Leuten."

„Gar keine schlechte Idee", sagt Marina. Dann springt sie auf und wiederholt: „Wirklich keine schlechte Idee, sogar eine tolle Idee!" Sie ist plötzlich Feuer und Flamme: „Da müssen wir uns was ausdenken. Hilfst du mir?"

Carola nickt.

„Gleich nachher fragen wir Jansens, ob wir es hier machen können", meint Marina.

Innerhalb der nächsten halben Stunde sammeln sie Ideen und überlegen, wer alles teilnehmen könnte.

„Die Kathrin und die Laura kommen bestimmt auch mit ihren Island-Ponys!" Davon ist Marina überzeugt.

Bevor sie nach Hause fahren, überfallen sie Herrn und Frau Jansen mit der Idee von einem Reiterfest.

Ehe die zwei etwas sagen können, sprudelt es weiter aus

Marina hervor: „Wir machen es am besten auf unserem Platz hinter der Scheune. Da können wir gleich ein paar von den Geräten mitbenutzen. Und ..."

„Wir brauchen also nur Ja zu sagen?", unterbricht Herr Jansen sie lachend.

„Oh ja, bitte, bitte!", bettelt Marina. „Es ist auch für Manou, damit er sich nicht so langweilt."

„Der und Langeweile?", sagt Frau Jansen. „Das ist ja das Allerneueste, was ich höre!"

„Grundsätzlich habe ich nichts gegen so ein Reiterfest", meint Herr Jansen. „Wir können ja in den nächsten Tagen noch mal in Ruhe darüber reden. So was muss nämlich sehr gut vorbereitet sein, und wir müssen natürlich auch ein paar Leutchen zusammentrommeln."

„Klar", sagt Marina. „Wir beide haben schon ..."

„Jaja." Herr Jansen muss wieder lachen. „Das glaube ich euch. Aber meine Frau und ich haben jetzt keine Zeit, wir müssen aufs Feld. Lasst uns morgen darüber reden."

Auf dem Heimweg fallen ihnen noch jede Menge Ideen ein, und am nächsten Tag wissen auch schon Kathrin und Laura Bescheid. Sie wollen auf jeden Fall mitmachen und es weitersagen.

In den nächsten Wochen wird viel überlegt und geplant. Neue Vorschläge kommen hinzu, und alte Ideen werden wieder aussortiert. Schließlich ist alles klar.

Es sollen an alle Teilnehmer Zettel verteilt werden, dass in zwei Monaten ein Reiterfest auf dem Hof von Jansens stattfindet. Außerdem sind die Aufgaben beschrieben, damit alle vorher üben können und keiner benachteiligt ist.

Frau Jansen ist Schiedsrichterin und wird aufpassen, dass es mit rechten Dingen zugeht. Carola wird die Zeiten stoppen und die Punkte zusammenrechnen. Das Siegerpferd erhält einen Sack Möhren.

Herr Jansen fragt, ob er mit Max auch starten darf. Dagegen ist eigentlich nichts einzuwenden. „Die Kinder sind sowieso besser", lacht Frau Jansen.

Alle fiebern dem großen Tag entgegen. Endlich ist es so weit. Es ist Sonntag, und die Eltern und Verwandten der Starter stehen gespannt entlang der Bahn hinter Jansens Scheune.

Frau Jansen erklärt noch einmal die Aufgaben und wie gewertet wird. „Insgesamt hat jeder fünf Minuten Zeit. Für jede Minute mehr gibt es einen Strafpunkt. Außerdem für Ziehen im Maul oder wenn ein Pferd mit dem Schweif schlägt! Wie viele Punkte es für die einzelnen Aufgaben gibt, steht auf dem Zettel, den jeder in der Hand hat. Das wär's schon. Also, viel Glück!"

Sechs Mädchen und Herr Jansen kämpfen um den Sieg.

Die erste Aufgabe ist ein Stangenslalom. Am Start erhält jeder vier Pappbecher und muss beim Durchreiten auf jede Stange einen Becher stecken.

Dann geht es im Sprung über einen Strohballen und durch eine Stangentür mit Plastikstreifen.

Danach kommt die schwierigste Aufgabe. Die Reiter müssen absitzen und das Pferd dazu bringen, alle vier Beine in Eimer zu stellen, die mit Wasser gefüllt sind.

Ist das geschafft, liegt auf einem Tisch ein Ball bereit, der im Vorbeireiten aufgenommen und in einen Korb geworfen werden muss.

Dann geht's wieder runter vom Pferd. Es muss, ohne angebunden zu werden, still stehen, während die Reiter sich an einen Tisch setzen und einige Quizfragen lösen.

Die nächste Aufgabe ist das Reiten über die Holzwippe. Dann geht es im Bogen zurück und noch einmal durch den Slalom. Diesmal müssen die Pappbecher wieder eingesammelt werden. Dafür gibt es ebenfalls Punkte.

Marina ist mit Manou als Dritte für den Start ausgelost worden. Alles klappt ausgezeichnet, nur in die Wassereimer will Manou nicht treten. Er macht sein Vorderbein ganz steif und lässt sich nicht überreden, den Huf zu heben. Die Zuschauer lachen. Schließlich hat Manou die Nase voll und stößt die Eimer einfach um.

Beim Quiz steht er neben Marina, beugt den Kopf über den Tisch und schnaubt auf das Papier. Der Zettel weht herunter, und Marina muss ihn wieder aufheben. Die Zuschauer lachen wieder. Einer sagt: „Das ist auf jeden Fall das lustigste Pferd!"

Nachdem sie durchs Ziel sind, schimpft Marina nicht mit ihm.

„Du bist vielleicht ein Kasper! Aber ich kann dir einfach nicht böse sein", sagt sie nur. Trotz der Panne mit den Eimern ist Manou noch Dritter geworden.

Alle werden angefeuert. Schließlich wird die Siegerin bejubelt, die strahlend mit ihrem Pony den Sack Möhren in Empfang nimmt.

Nach dem Wettkampf sitzen alle an Tischen und Bänken auf dem Hof von Jansens bei Kaffee und Kuchen, Bier und Sprudel. Erst spät am Abend fahren die letzten Gäste vom Hof.

Herr Jansen nimmt seine Frau in den Arm und sagt: „Das war ein schöner Tag!"

Frau Jansen nickt. „Das machen wir nächstes Jahr wieder!"

Reiterspiele

Schrittrennen

Auf einer beliebig langen Strecke (zum Beispiel 50, 100 oder 200 Meter) wird ein Rennen veranstaltet. Es darf aber nur Schritt geritten werden. Gewonnen hat, wer als Erster die Ziellinie passiert. Wer trabt oder galoppiert, scheidet aus!

Es kann auch die Zeit genommen werden, um den Rekord zu ermitteln. Der Wettbewerb kann als Staffelrennen mit mehreren Reitergruppen durchgeführt werden.

Minutenreiten

Dieser Wettbewerb schult das Zeitgefühl und ist sehr spannend. Eine festgelegte Strecke soll in einer festgesetzten Zeit durchritten werden.

Beispiel: Im Schritt 100 Meter in einer Minute.

Im Trab 200 Meter in einer Minute.

Im Galopp 350 Meter in einer Minute.

Das sind Durchschnittswerte für die einzelnen Gangarten. Gewonnen hat, wer der festgelegten Zeit am nächsten kommt.

Reise nach Jerusalem

Hierbei wird das bekannte Spiel fürs Reiten abgewandelt. Stühle oder Gummireifen werden kreisförmig in einem Abstand von etwa fünf Metern aufgestellt beziehungsweise auf den Boden gelegt. Die Anzahl ist um einen Stuhl/Reifen geringer als die Anzahl der Mitspieler.

Der Spielleiter bedient einen Kassettenrekorder. Sobald die Musik ertönt, reiten alle im Kreis außen um die Stühle/Reifen herum. Stoppt die Musik, springen alle vom Pferd, halten es am Zügel und setzen sich auf einen Stuhl oder hüpfen in den Reifen. Wer keinen Platz ergattert, scheidet aus.

In der nächsten Runde wird der Kreis um einen Stuhl/Reifen verkleinert. Wieder ertönt die Musik und wird unvermutet gestoppt. In jeder Runde scheidet ein Reiter aus, bis schließlich der Gewinner oder die Gewinnerin feststeht.

Ringe werfen

Auf einem Platz werden im Kreis, am Rand entlang oder als Slalom Stäbe gesteckt, über die vom Pferd aus Ringe geworfen werden.

Alle Teilnehmer haben die entsprechende Anzahl Ringe. Es können Gummiringe sein oder Haselnussruten, die gebogen und zusammengebunden werden. Als Gangart wird Trab oder Galopp vorgeschrieben (auch zwei Durchgänge möglich – einmal Trab, einmal Galopp). Außerdem wird die Zeit gestoppt für den Fall, dass Teilnehmer dieselbe Anzahl Ringe erzielen. Dann entscheidet die bessere Zeit.

Auch bei diesem Spiel können Mannschaften gegeneinander antreten. Die Teilnehmer können auch eigene Regeln erfinden oder den Wettbewerb abändern.

Handpferd führen

Auf einem umzäunten Platz muss jeder Teilnehmer verschiedene Aufgaben lösen. Das Handpferd wird am Führstrick genommen. Gewonnen hat, wer die beste Zeit erreicht. Die Gangart ist nicht vorgeschrieben. Die Aufgaben können sein:

Pferd durch enge Gasse aus Tonnen oder Strohballen führen;

Pferd eine Slalomstrecke entlangführen;

Pferd durch ein Koppeltor führen, das geöffnet werden muss;

Pferd über niedrige Hindernisse führen, die übersprungen werden müssen.

Das Loslassen des Handpferdes kostet Zeit und wird deshalb nicht mit Strafpunkten belastet.

Ball tippen

Dieses Spiel kann nur auf einem harten und ebenen Untergrund durchgeführt werden, von dem der aufgetippte Ball berechenbar zurückspringt.

Eine Bahn wird abgesteckt (vielleicht auch mit einem Wendepunkt) und muss durchritten werden. Dabei muss auf dem Hin- und Rückweg der Ball vom Pferd aus jeweils zwei- oder dreimal auf den Boden getippt und wieder aufgefangen werden.

Wird der Ball verfehlt, muss der Reiter oder die Reiterin vom Pferd springen und den Ball holen. Die benötigte Zeit entscheidet, wer gewinnt.

Auch dieses Spiel ist als Einzel- oder Gruppenspiel geeignet, je nach Teilnehmerzahl.

Ball treiben

Es wird eine Bahn abgesteckt (eventuell mit Wendepunkt), auf der ein Ball vom Pferd aus bis ins Ziel getrieben werden muss. Dazu dient ein Besenstiel. Der Reiter muss versuchen, den Ball schnell und möglichst ohne große Umwege ins Ziel zu bringen. Die Zeit wird gestoppt, um so den Sieger zu ermitteln.

Wird das Spiel als Staffelwettbewerb geritten, übernimmt der nächste Teilnehmer den Ball, sobald dieser die Ziellinie überschritten hat.

Kleines Lexikon der Fachausdrücke

Aussitzen

Reiter bleibt im Trab im tiefsten Punkt des Sattels und „sitzt" die Trabbewegung aus. Gegenteil: siehe „Leichttraben".

Bosal

Ein gebissloser Zaum, ähnlich dem Hackamore, aber sanfter in der Wirkung

Caprilli

Der Italiener Federico Caprilli (1868–1907) entwickelte einen Sprungstil, bei dem der Reiter in einem „Vorwärtssitz" über die Hindernisse springt. Dabei werden die Schwerpunkte von Pferd und Reiter ausbalanciert. Heute wird dieser Sitz von Rolf Becher in dessen Chiron-Methode wieder gelehrt.

Cavaletti

Zwei bis drei Meter lange Stangen, deren Enden auf Ständerkreuzen befestigt sind. Je nachdem, wie die Kreuze mit den Stangen gedreht werden, entstehen verschiedene Höhen.

Distanzreiten

Man nennt es auch Strecken- oder Ausdauerreiten. Hierbei handelt es sich um einen Leistungssport, bei dem eine bestimmte Strecke möglichst schnell durchritten werden muss. Es sind Entfernungen von 40 bis über 100 Kilometer zu bewältigen. Entsprechend müssen Pferd und Reiter trainiert sein. Während und nach jedem Ritt werden von Tierärzten Kontrollen durchgeführt, um die Gesundheit der Pferde zu schützen.

Durchlässigkeit

Durchlässigkeit beim Pferd heißt, dass es feinste Hilfen annimmt und geschmeidig und locker ausführt.

Exterieur

Stammt aus dem Französischen und bedeutet „äußeres Erscheinungsbild". Dabei wird das Zusammenspiel von Kopf, Hals, Rücken, Kruppe und Beinen gesehen und beurteilt.

Freizeitreiten

Bedeutet, einfach gesagt, Reiten zum Vergnügen. Geländereiten oder auch Wanderritte gehören ebenso dazu wie die Gymnastik mit dem Pferd auf einem Reitplatz oder in der Halle.

Gerade richten

Beim gerade gerichteten Pferd treten Vorder- und Hinterbeine in die gleiche Richtung. Nur so trägt das Pferd sein eigenes Gewicht – und das des Reiters – gleichmäßig auf alle vier Beine verteilt. Dadurch entsteht Gleichgewicht, und alle Muskeln des Pferdes können geschmeidig auf die Hilfen des Reiters reagieren.

Gestüt

Dieser Begriff leitet sich von dem altgermanischen Wort „stuot" ab. Damit wurde früher eine Herde Pferde bezeichnet. Seit dem 16. Jahrhundert werden Einrichtungen als Gestüt bezeichnet, die zur Zucht von Pferden dienen.

Gymnastizierung

Von Natur aus ist das Pferd nicht auf das Reitergewicht eingestellt. Bodenarbeit, Übungen mit der Longe und Cavalettis und anderes Training mit und ohne Reiter machen das Pferd „biegsam", geschmeidig und schaffen Gleichgewicht in allen Gangarten.

Halsring

Einen Halsring kann man selbst herstellen, zum Beispiel aus Haselnuss- oder festen Weidenruten oder umwickeltem Draht.

Der Ring muss locker um den Hals passen und gut gepolstert sein. Voraussetzung für das Reiten mit Halsring ist völlig zügelunabhängiges Reiten, das heißt, man kann an der Longe üben, ohne Zügel im Gleichgewicht zu bleiben.

Auf einem eingezäunten Reitplatz kann

dann der Halsring eingesetzt werden. Er liegt locker am Pferdehals und wird leicht vom Reiter gehalten. Bei Wendungen wird der Ring leicht in Richtung Kopf gehoben und außen an den Hals gelegt. Der Reiter biegt sich gleichzeitig in die gewünschte Richtung (Gewichtsverlagerung). Das Anhalten wird durch kurzes, klares Zupfen mit dem Ring erreicht. Dabei muss sofort wieder nachgegeben werden.

Hilfen

Mit Hilfen wollen wir dem Pferd verständlich machen, was wir von ihm wollen. Völlig falsch ist es, Hilfen verstärkt zu wiederholen, wenn das Pferd nicht reagiert. Genau das Gegenteil muss erreicht werden: sich mit ganz sanften und feinen Hilfen mit dem Pferd verständigen. Voraussetzung ist immer, dass Pferd und Reiter sich verstehen!

Hufmechanismus

Der gesunde Huf arbeitet als Stoßdämpfer für Bänder und Gelenke des Pferdes. Er sorgt für die ausreichende Durchblutung der Hufe und unterstützt den gesamten Blutkreislauf des Pferdes.

Leichttraben

Beim Traben bleibt der Reiter – im Gegensatz zum Aussitzen – nicht ständig im Sattel sitzen. Jeweils eine halbe Fußfolge sitzt er, bei jedem zweiten Takt hebt er die Hüfte leicht aus dem Sattel.

Parade

Leichtes Annehmen und Nachgeben des Zügels bei angespanntem Kreuz, um das Tempo zu drosseln und in eine langsamere Gangart überzugehen oder um die Aufmerksamkeit des Pferdes zu verstärken.

Die ganze Parade führt zum Anhalten des Pferdes und besteht aus mehreren halben Paraden.

Points

Aus dem Englischen; sie bezeichnen die verschiedenen Körperteile des Pferdes.

Sitz

Das Wichtigste beim Reiten: der so genannte unabhängige Sitz. Das heißt, der Reiter kann sich ausbalancieren und behindert nicht das Pferd im Gleichgewicht. Er hält sich nicht an den Zügeln fest oder klammert sich nicht mit den Beinen an das Pferd.

Versammlung

Bei der Versammlung entlastet das Pferd die Vorhand und nimmt mehr Gewicht mit der Hinterhand auf. Der Schwung kommt somit aus der Hinterhand, und die Schritte der Vorhand werden geschmeidiger.

Voltigieren

Aus dem Französischen; es bedeutet „Turnen auf dem Pferd". Dabei läuft ein Pferd im Galopp an der Longe um einen Kreis von mindestens 13 Meter Durchmesser. Die Voltigierer laufen neben dem Pferd, springen auf seinen Rücken und zeigen verschiedene Übungen.

Zeichen

Hinter Pferdenamen findet man manchmal die Zeichen ox, x und xx.

ox steht für Vollblutaraber, x für Anglo-Araber, xx für Englisches Vollblut.

Tipps und Tricks

Pferdepass und Halterpass: zwei Vorschläge

Um eine Übersicht über den Gesundheitszustand der Pferde zu erhalten und die Haltungsbedingungen für Pferde verbessern und überprüfen zu können, wäre die Einführung von Pferde- und Halterpass sinnvoll.

Der Pferdepass

In diesen Pass könnten nicht nur die Abstammung des Pferdes (falls bekannt) sowie alle Besitzer eingetragen werden (falls das Pferd weiterverkauft wurde). Außerdem sollte er Einträge über Behandlungen durch einen Tierarzt genauso wie die Impfungen und Wurmkuren enthalten.

Soll das Pferd verkauft werden, kann bei der Ankaufsuntersuchung ein Tierarzt anhand des Pferdepasses sofort erkennen, wo bisher die gesundheitlichen Probleme lagen, ob sie behoben sind und welche Krankheiten das Pferd durchgemacht hat.

Genauso sollte im Pass die bisherige Ausbildung des Pferdes (zum Beispiel Kurse) vermerkt und eventuell bestätigt werden.

Wenn dieser Pass dann ordentlich geführt würde, bekäme man einen guten Überblick über Gesundheit und Ausbildung des Pferdes.

Der Halterpass

Dieser Pass sollte Aufschluss geben, ob der Käufer und künftige Halter die Voraussetzungen für die Haltung eines Pferdes erfüllt. Kann er ausreichend Weideflächen nachweisen, für den Winter Ställe mit Auslauf! Wird das neue Pferd in Gesellschaft anderer Pferde leben?

Jeder Kauf und Verkauf eines Pferdes wird eingetragen. Jedes Jahr werden von einem Amt (Tierschutzbeauftragte/Ordnungsamt) die Eintragungen überprüft und bestätigt.

Der Halterpass sollte nicht nur für Privatleute eingeführt werden, sondern auch für Reitställe und Händler.

Damit die Mücken „verduften"!

Folgende Mischung kann man selbst zubereiten und bei einem Ausflug für das Pferd benutzen.

Die Zutaten für einen Liter sind; je einen halben Liter Wasser und Obstessig, dazu ca. 15 Tropfen Walnussschalenöl (in der Apotheke erhältlich), ebenfalls 15 Tropfen Zedernholz- und Lavendelöl und 20 Tropfen Nelkenöl.

Alles gut mischen und die „kritischen" Stellen wie zum Beispiel Brust, Hals, Bauch und Achselhöhlen damit einreiben. Die Öle verfliegen zwar mit der Zeit, halten aber während eines Ausrittes die Mückenplage fern.

Hafer aus dem Eimer füttern

Haferkörner sind eine Lieblingsspeise der Pferde. Werden sie im Eimer gefüttert, rühren die Pferde oft im Übereifer mit der Nase so wild im Hafer herum, dass die Körner herausfliegen. Gießt man jedoch etwa Wasser über den Hafer, können die Körner nicht mehr so leicht verstreut werden.

Was heißt was?
Die Bedeutung der Abkürzungen in den Abstammungspapieren

In den Abstammungspapieren oder Geburtsscheinen werden aus Platzgründen für die verschiedenen Rassen, die unterschiedlichen Farben und die diversen Abzeichen der Pferde bestimmte Abkürzungen benutzt.

Gegen die lästigen Kriebelmücken

Gerade im Frühjahr leiden die Pferde unter den vielen kleinen Kriebelmücken. Als Tipp gilt: empfindliche Stellen wie Brust, Bauch, Euter und Schlauch dick mit Melkfett (bekommt man in größeren Dosen in der Tierhandlung) bestreichen. So ist das Pferd gut geschützt. Kriebelmücken kommen hauptsächlich in feuchten Gegenden vor, sie bevorzugen Sumpfgebiete, Bachläufe und kleine Gewässer.

Rassen (Auswahl):

A   = Araber
AA   = Anglo-Araber
X   = ebenfalls Anglo-Araber
           (Mischung von Englischem
           und Arabischem Vollblut)
AV   = Araber-Vollblut
OX   = ebenfalls Araber-Vollblut
Ach   = Achal-Tekkiner
And   = Andalusier
C   = Connemara
DR   = Deutsches Reitpony
Du   = Dülmener Pony
D   = Dartmoor Pony
E   = Exmoor-Pony
F   = Fjord-Pferd
H   = Haflinger
I   = Isländer
FR   = Friese
H oder
Hann   = Hannoveraner
NF   = New-Forest-Pony
Old   = Oldenburger
P   = Pinto oder Paint
QH   = Quarterhorse
Tra   = Trakehner
Welsh C. = Welsh-Cob
Westf   = Westfale
XX   = Englisches Vollblut

Farben:

F.   = Fuchs
B.   = Braun
R.   = Rappe
Sch.   = Schimmel
Sche.   = Schecke
Fa.   = Falbe
R. Sche. = Rappschecke
Br. Sche. = Braunschecke

Fu. Sche. = Fuchsschecke
Schwbr.   = Schwarzbraun
Du.Br.   = Dunkelbraun
Sti.fu.   = Stichelfuchs
Porz.sche. = Porzellanschecke
Br.Schi.   = Braunschimmel
Isa.   = Isabelle
A.Sch.   = Apfelschimmel

Abzeichen (Auswahl):

St. = Stern, Fl. = Flocke, Klst. = Keilstern, Krö. = Krötenmaul, Str.bl. = Strichblesse;

Unreg. i. bd. Nü. rchd. Bl. = unregelmäßige, in beide Nüstern reichende Blesse;

L. Vfsl. u. r. H. kr. w. = linke Vorderfessel und rechte Hinterkrone weiß;

bd. Hb. h. w. = beide Hinterbeine hoch weiß;

L. Hb. unrgm. h. w. = linkes Hinterbein unregelmäßig hoch weiß.

Ein Rezept für Pferdeleckerli

Ein Belohnungs- oder Begrüßungsleckerbissen, den man leicht selber backen kann.

Zutaten:

200 g Weizenvollkornmehl

150 g Vollkornhaferflocken

und 225 g Zuckerrübensirup

Alle Zutaten werden zunächst gut vermischt und zu einem Teig durchgeknetet. Ist er zu fest, kommt etwas Wasser hinzu. Im umgekehrten Fall etwas Mehl.

Jetzt wird der Teig zu einer daumenstarken Stange gerollt. Davon schneiden wir immer etwa zwei cm lange Stücke ab und setzen sie auf ein mit Backpapier ausgelegtes Backblech. Der Backofen ist vorgeheizt, und bei 180 Grad werden die Leckerli ungefähr zehn Minuten gebacken, bis sie hart und goldbraun sind.

Ehe die Leckerbissen verfüttert werden, sollten sie ein paar Tage in einer Blechdose oder in einem Schraubglas aufbewahrt werden. Sie schmecken vorzüglich!

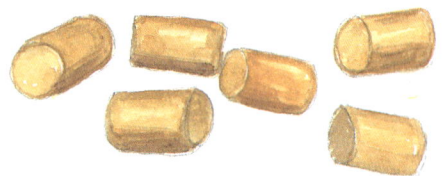

Ein Kratzbaum für Pferde

Im Spätherbst oder im Frühjahr, wenn der Fellwechsel ansteht, juckt den Pferden das Fell.

Wenn im Auslauf oder der Weide kein Baum zum Scheuern und Kratzen zur Verfügung steht, werden meist Weidepfosten benutzt, die schnell in Schräglage geraten oder ganz umkippen. Um das zu verhindern, wird in irgendeiner Ecke ein dicker Pfosten oder Balken in die Erde gerammt. Rundum nageln wir alte Bürsten und sonstiges Putzzeug an. Daran können sich jetzt die Pferde genüsslich jucken und scheuern.

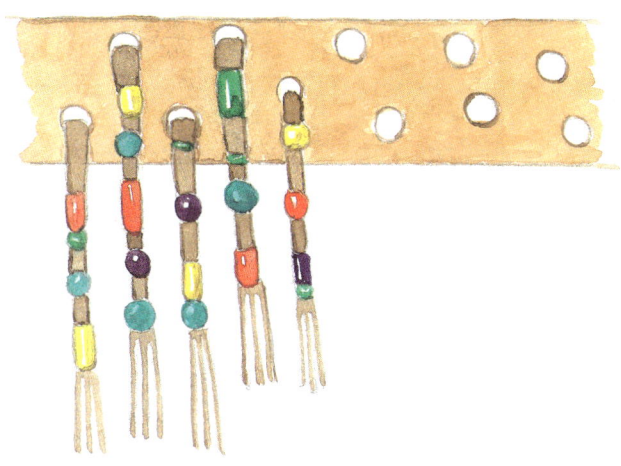

Ein Stirnband selbst verschönern

Es gibt Kopfstücke oder Lederhalfter, die als Stirnriemen nur ein einfaches, nicht verziertes Lederband haben. Da kann man selbst Hand anlegen und das Stirnband verschönern.

Material:

verschiedenfarbige Lederbändchen aus dem Bastelladen, eventuell auch farbige Perlen,

eine Lochzange.

Ausführung:

Die Technik ist die gleiche wie beim Aussticken von Pappkarten, wo farbiges Garn durch gestanzte Löcher gezogen wird.

Hier benutzen wir für die Löcher eine Lochzange. Am besten malt man sich das Muster und die Anzahl der Löcher mit Bleistift auf die Rückseite des Stirnbandes, so kann man genau und ordentlich arbeiten.

In die gestanzten Löcher werden jetzt die Lederbändchen eingefädelt und durchgezogen. Wer Lust hat, stanzt größere Löcher, durch die zwei Bändchen hindurchpassen, oder zieht Perlen auf, die dann einen besonderen Schmuck darstellen. Zum Schluss werden die Bändchen auf der Rückseite möglichst flach verknotet, damit die Knoten nicht auf die Stirn des Pferdes drücken.

Ein „Mückenband" selbst basteln

Wenn im Sommer beim Ausritt Unmengen von Mücken Gesicht und Augen der Pferde umschwärmen, schützt ein „Vorhang" aus Lederbändchen.

Wie beim Basteltipp „Ein Stirnband selbst verschönern" wird folgendes Material benötigt:

ein Stirnband des Kopfstückes,

eine Lochzange und eine Anzahl von etwa 70 cm langen Lederbändchen (bei Ponys ca. 50 cm).

Ausführung:

Mit der Lochzange werden jeweils zwei dicht nebeneinander liegende Löcher gestanzt, durch die dann die Schnüre geknüpft werden (siehe Zeichnung).

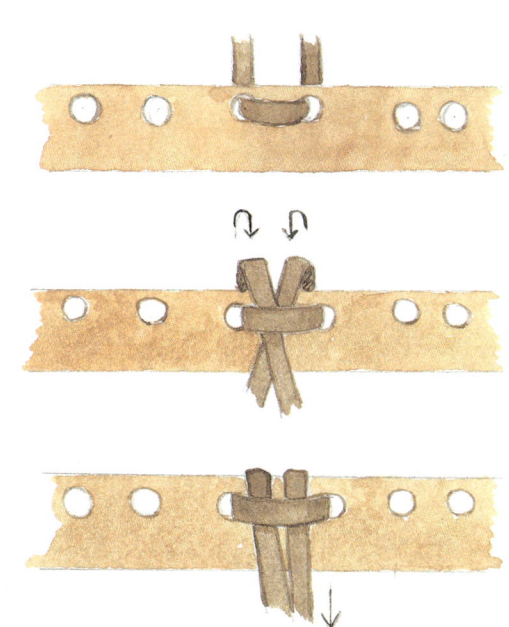

1.
Lederbändchen durch die Löcher ziehen und unten eine Schleife lassen.

2.
Bändchen von oben durch die Schlaufe führen.

3.
Einfach festziehen.

Die Sonnenbatterie

Fast jede Weide wird heutzutage auch mit Elektrozaun gesichert. Dabei speisen meist Trockenbatterien in den Weidezaungeräten den nötigen Strom in die Elektrobänder, Litzen oder Seile ein. Ist die Batterie leer, muss sie „entsorgt" werden.

Für die Sommermonate gibt es eine sehr gute Alternative: ein Weidezaungerät, das von der Sonne kostenlos aufgeladen wird und dann den Strom – natürlich auch nachts – an den Zaun abgibt.

Nähere Informationen über Solarbatterien erhält man im Fachhandel. Dazu noch ein Tipp: In den Plastikbändern des Elektrozauns sind dünne, feine Drähte eingewoben, die den Strom weiterleiten. Auch das Band muss eine gute Qualität haben, sonst nutzt auch die beste Batterie nichts. Sechs bis acht Drähte sollte ein gutes Band schon haben (die Anzahl der Drähte steht auf der Verpackung).

Statt das Band abzuschneiden und dann zu knoten, ist es sinnvoller, im Fachhandel Verbindungsstücke zu kaufen, in denen beide Bandenden einfach festgeknipst werden.

Bei Wind und Wetter

Auch ein Regenguss macht nichts aus, wenn man die richtige Ausrüstung hat.

Besonders gut eignen sich für Schlechtwetter-Ritte mit Wachs beschichtete Kleidungsstücke. Mit einem Wachshut, einer Wachsjacke und Wachschaps über der Hose ist man „wasserdicht".

Fett für die Hufe? Nein, danke!

Das Eimerchen mit Huffett wird gern gekauft. Dann wird ein Pinsel genommen, und die Hufe werden mit dem Fett eingestrichen. Sie glänzen, sehen schön aus und sollen trockenen Hufen Feuchtigkeit geben.

Aber leider ist genau das Gegenteil der Fall. Das Fett verklebt die Hornwand und hindert sie daran, Wasser aufzunehmen. Die Hufe trocknen noch mehr aus.

Trinken die Pferde auf der Weide aus einem Bach oder einer Quelle, dann nehmen die Hufe automatisch genügend Feuchtigkeit auf. Ansonsten nimmt man einen Eimer mit Wasser und bürstet die Hufe ab.

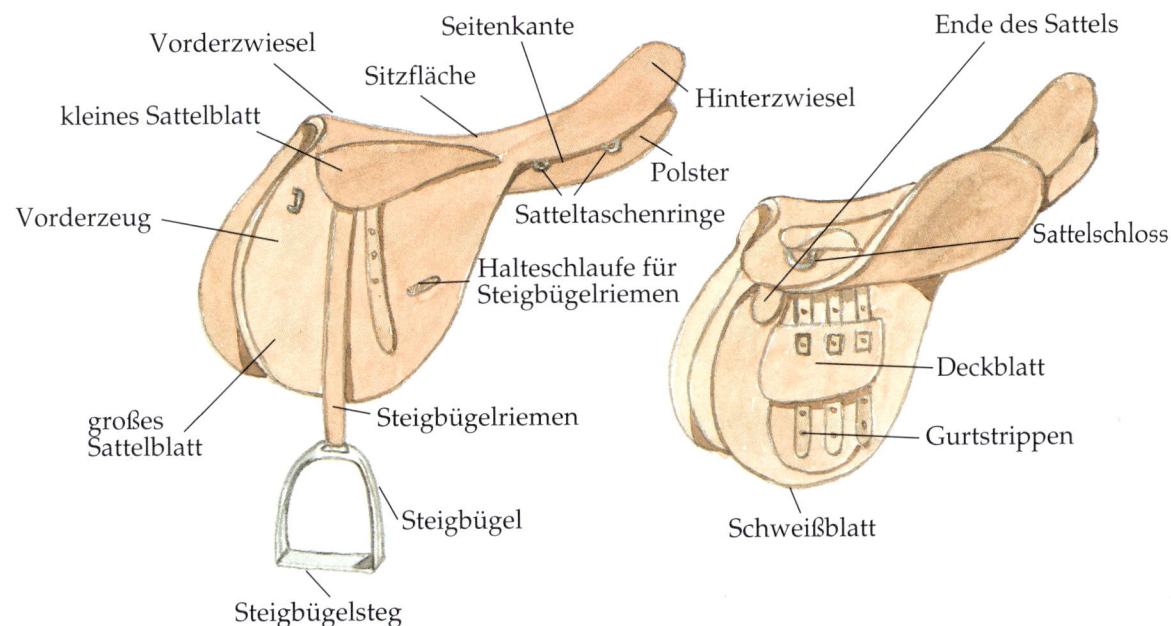

Vorderzwiesel
Seitenkante
Sitzfläche
Hinterzwiesel
kleines Sattelblatt
Polster
Vorderzeug
Satteltaschenringe
Halteschlaufe für
Steigbügelriemen
großes
Sattelblatt
Steigbügelriemen
Steigbügel
Steigbügelsteg

Ende des Sattels
Sattelschloss
Deckblatt
Gurtstrippen
Schweißblatt

Was beim Sattelkauf unbedingt zu beachten ist!

Es gibt verschiedene Möglichkeiten, zu einem Sattel zu kommen.

1. Der Sattel wird mit dem Pferd zusammen gekauft. Trotzdem muss überprüft werden, ob der Sattel sowohl Pferd als auch Reiter gut passt. Ebenso müssen Sattelbaum, Leder, die Nähte, die Strupfen, Polsterung und das restliche Zubehör auf Fehler und Beschädigungen untersucht werden.

2. Ein gebrauchter Sattel soll über Inserat oder vom Händler gekauft werden. Es gilt schon der alte Grundsatz „Lieber einen guten gebrauchten Sattel kaufen als einen billigen neuen". Dabei ist immer die Sattelprobe das Wichtigste. Nie einen Sattel „auf Verdacht" kaufen und denken: „Er wird schon passen!"

Beim Gebrauchtsattelkauf ist immer darauf zu achten, welche Reparaturen nötig

sind, zum Beispiel ein Aufpolstern der Sitzfläche. Diese Arbeiten müssen vom Fachmann ausgeführt werden und kosten Geld. Das muss man zum Kaufpreis hinzurechnen.

3. Ein neuer Sattel soll gekauft werden. Auf jeden Fall müssen die in Frage kommenden Sättel am Pferd ausprobiert werden. Das heißt: Der Händler kommt mit einigen Sätteln vorbei, sie werden zunächst ohne Satteldecke aufgelegt und untereinander verglichen.

Was dem Pferd passt, muss auch dem Menschen passen. Also immer einen kurzen Proberitt machen.

Da ein guter Sattel auf jeden Fall ein Pferdeleben lang hält, darf man beim Kauf nicht sparen. Händler, die eine etwas weitere Anreise haben, nehmen oft eine Fahrtkostenpauschale, die beim Kauf angerechnet wird. Auch an diesen Kosten (wenn man nicht das Geeignete findet) sollte man auf keinen Fall sparen!

Der Sinn und Unsinn von Bandagen

Zum Schutz der Pferdegelenke, der Fesseln oder Hufkronen wird allerhand angeboten: Transportgamaschen, Springglocken, Streichkappen und Bandagen in allen Modefarben.

Um es vorwegzunehmen: Sinnvoll sind nur Transportgamaschen, weil bei der Fahrt im Pferdehänger Verletzungsgefahr an den Füßen besteht. Sie müssen jedoch passen und fachgerecht angelegt werden.

Nicht richtig angelegte Bandagen können die Durchblutung des Fußes behindern und führen zu schweren Sehnenschäden. Als Grundsatz sollte gelten: So wenig Firlefanz wie nötig am Pferd!

Spaß statt Stress

Es gibt beim Reiten nicht nur den Turniersport mit Spring- oder Dressurwettbewerben. Im Gegenteil: Beim „Freizeitreiten" gibt es viele Möglichkeiten, mit seinem Pferd und anderen zusammen Spaß zu haben.

Reitgemeinschaften, etliche Reitvereine, Gruppen der „Vereinigung der Freizeitreiter" (VFD) usw. richten das ganze Jahr über Veranstaltungen aus, die mehr oder weniger große Anforderungen an Reiter(in) und Pferd stellen.

Da gibt es zum Beispiel:
– Orientierungsritte, wo man nach der Karte ein bestimmtes Ziel erreichen soll;
– Wanderritte, wo gemeinsam mit anderen eine Wanderung per Pferd stattfindet (hierfür gibt es seit einiger Zeit spezielle Reiterpfade für Wanderreiter, die quer durch das ganze Bundesgebiet führen);
– Sternritte, wo aus allen möglichen Richtungen Leute und Pferde an einem Ziel zusammenkommen und meist noch ein kleines (oder großes) Fest feiern;
– Reiterspiele, die man auf jeder Wiese mit Freunden und Freundinnen auch selbst organisieren kann. Viele Western-Reitclubs veranstalten so genannte „Playdays" mit Geschicklichkeitsparcours und Spielen.

Adressen und Termine sind in den Freizeitreiter-Zeitschriften abgedruckt.

Urlaub mit Pferden

Für viele sind es die Traumferien: Urlaub auf dem Reiterhof. Um keine böse Überraschung zu erleben, sollte man nicht nur den Prospekten vertrauen – auf denen immer alles ganz toll ist –, sondern am besten mit Leuten sprechen, die schon einmal da waren. Besonders achten sollte man darauf, dass die „Ferienpferde" auch ihre tägliche Freizeit, und zwar auf einer Wiese, haben. Im Zweifel vorher anfragen!

Sachregister

Edgar Wüpper wohnt mit seiner Frau, vier Pferden, einer Kuh, Hund, Katzen und Hühnern auf einem kleinen Bauernhof in der Nähe von Kassel. Er schreibt hauptsächlich Kinderbücher zu den Themen Umwelt, Indianer und Tiere.

Ines Vaders-Joch wurde 1950 in München geboren. Nach Abschluss ihres Jurastudiums besuchte sie eine Kunstschule und die Kunstakademie in München. Heute arbeitet sie als freie Illustratorin und illustriert vor allem Kinderbücher.
Zusammen mit ihrem Mann, ihrem Kind und ihrem Hund lebt Ines Vaders-Joch in der Nähe von München.

In der gleichen
Ausstattung erschienen:

Unsere günstigen
Geschenkbücher!

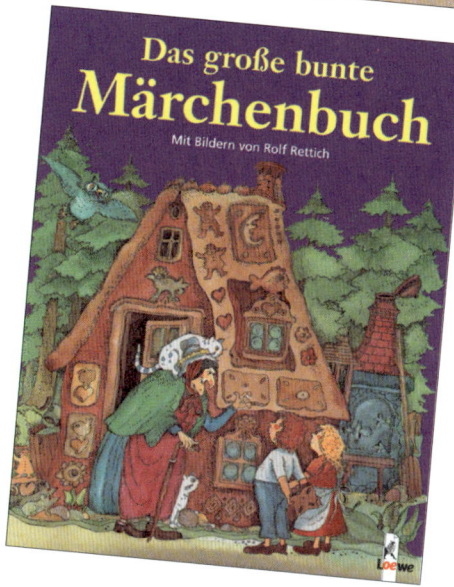